Mit einer Hexe durchs Kräuterjahr

Mit einer Hexe durchs Kräuterjahr

Geschichten, Tips und Rezepte

von Gabriele Bickel

Bechtermünz Verlag

Gehnemigte Lizenzausgabe
für Weltbild Verlag GmbH, Augsburg 2000

Umschlaggestaltung: Stephanie Isele, Augsburg
Umschlagmotiv: Manuela Sacher, Augsburg
Illustrationen: Gabriele Bickel, Sternenfels
Gesamtherstellung: Clausen & Bosse, Leck
Printed in Germany
ISBN 3-8289-1852-2

Inhalt

Vorwort

Mit einer Hexe durchs Kräuterjahr; ein Titel, der den Leser bestimmt auf die Dinge neugierig macht, die ihn in diesem Buch erwarten.

Zunächst einmal sind dies keine Hexenrezepte, keine Zaubertricks und auch kein Lehrgang zum Erhalt des Hexenbesenflugscheins. Der Leser wird schnell erkennen, daß es sich bei dieser Lektüre nicht um ein botanisches Kräuterbestimmungsbuch handelt. All diese Themen waren von vornherein nicht beabsichtigt. Somit stellt sich nun natürlich die Frage: Ja, was dann?

Dieses Buch erzählt die Geschichte eines Jahres aus der Sicht einer guten Hexe, einer Kräuterhexe. Eingeflochten in diesen Ablauf sind Gedanken, Rezepte, Historie(n), wie sie sich im Verlauf eines Jahres ergeben. Dieses Konzept soll dem Leser die Welt der Kräuter auf eine eigene Art und nicht-akademische Weise nahebringen. Meine Erfahrungen aus vielen Jahren im Umgang mit Menschen und Kräutern sind ebenso beschrieben wie die Philosophie einer Kräuterhexe schlechthin. Ein humorvolles Augenzwinkern wird der Leser ebenso erkennen wie den erhobenen Zeigefinger. Aber das ist beabsichtigt!

An dieser Stelle möchte ich mich bei allen Mitmenschen bedanken, die mich beim Verfassen dieser Lektüre moralisch und tatkräftig unterstützt haben, ganz besonders bei meinem Mann und meiner Tochter, die dem aufregenden und sehr aktiven Kräuterhexenleben mit sehr viel Toleranz und Verständnis gegenüberstehen und mich darüber hinaus immer wieder ermutigen.

Hervorheben will ich auch die vermittelnden Aktivitäten der Gemeindeverwaltung meiner Wahlheimat Sternenfels im Stromberg, vor allem von Bürgermeister Helmut Wagner und Hauptamtsleiter Michael Gutjahr.

Dank gilt meiner leider allzu früh verstorbenen Mutter. Sie war es, die mir bereits im zarten Kindesalter die Schönheit der Pflanzen und der Jahreszeiten näherbrachte und mich damit prägte und vorbereitete zu dem, was ich heute bin. Gerne hätte ich ihr diesen Dank von Angesicht zu Angesicht entgegengebracht; leider kann dieses jetzt nur noch posthum geschehen. Ich glaube, sie weiß es dennoch...

Gabriele Bickel

Ein neues Jahr beginnt

Wir befinden uns im Herzen Europas, und in diesem Teil der Welt ist es jetzt Januar. Winter demzufolge, und man sollte meinen, daß Schnee, vielleicht sogar Tiefschnee, liegt und die Natur eiskalt erstarrt ist. Daß wie auf alten Gemälden tote weiße Landschaften mit hungrigen Vögeln zu sehen sind und still und starr ruhendem See. Ja, das war einmal. Früher! Aber wie ist das heute? Nicht einmal im Gebirge gibt es noch einen rechten Winter und wenn, dann jedenfalls selten. Vielleicht an Ostern?...

Wie bereits erwähnt, befinden wir uns im Herzen Europas; genauer gesagt, der Ort meines Wirkens als Kräuterhexe ist die kleine Gemeinde Sternenfels im Südwesten Deutschlands. Sternenfels liegt in lieblicher und abwechslungsreicher Landschaft, wo Kraichgau und Stromberg sich treffen. Man hört ab und zu das geflügelte Wort von der „Toscana Deutschlands" und meint damit nicht nur die Ähnlichkeit der Landschaft, sondern auch das damit verbundene Weinbauklima. Diese Erklärung ist wichtig für den Leser, der im Norden oder im Alpengebiet lebt, um zu verstehen, daß mein Kräuterhexenjahr bereits im Januar beginnt, obwohl im allgemeinen zu dieser Jahreszeit die Vegetation ruht. Jetzt stellt sich natürlich die Frage, was findet man im Januar? Die Antwort der Kräuterhexe lautet: den Weinlauch! Ein sehr treffender Name. Beschreibt er doch bereits Vorkommen und Gestalt dieser Pflanze. Der Weinlauch wächst in oder in der Nähe von Weinbergen. Dort könnte der Leser mich beobachten, wie ich nach Schnittlauchbüscheln Ausschau halte. Die Suche danach gestaltet sich nicht sehr schwierig, da in dieser Jahreszeit – es ist ja Winter – jeder blaugrüne, in Saft und Kraft stehende Fleck sich vom Einheitsbraungrau der übrigen noch schlafenden Begleitkräuter abhebt. Dieser Begriff vom „Schlafen der Natur" hat mir schon als Kind gefallen, und es entstanden damals in meiner Phantasie Geschichten von schlafenden Pflanzen in Bettchen unter der Erde, die dann im Frühling neugierig wie kleine Kinder an die Erdoberfläche krabbelten und dort weiterwuchsen.

Ob es heute wohl noch solche Kinder gibt? Ich freue mich mit jedem von ihnen, auch wenn ich es nicht kenne; denn Phantasie entwickeln empfinde ich heute als eine der wichtigsten Fähigkeiten, die ein Mensch haben sollte.

Jedoch zurück! Wir waren ja beim Weinlauch in den Weingärten. Die Kräuterhexe schneidet die wie Schnittlauchbüschel dicht stehenden Röhren des Weinlauchs mit einer scharfen Klinge ab, und der typische Duft von Zwiebeln und Knoblauch entwickelt sich im Kräutersammelkorb. Ja, auch heute noch bin ich mit einem Korb unterwegs – und das aus einer guten Tradition der Kräutersammlerinnen heraus, weil es sich seit Jahrhunderten bewährt hat. Ähnlich wie beim Pilzesammeln ist das Einzwängen des Sammelgutes in Papier oder gar Plastiktüten absolut schädlich. Die Kräuter können in einem Korb „atmen", trocknen, und manchem übersehenen Minibewohner des Krautes gelingt noch die Flucht durch das Weidengeflecht. Korpulentere Insektenexemplare bekommen später beim Putzen der Pflanzen ihre Freiheit wieder. Ehrenwort!

Nach relativ kurzer Zeit habe ich die Menge Weinlauch geerntet, die ich zur Verwendung in meinem Speiseplan benötige. Wenn der Leser selbst einmal Wildkräuter sucht, wird er den Begriff „relativ kurz" als angenehm empfinden, denn Kräutersammeln ist meistens eine zeitraubende Angelegenheit.

Zu Hause in meiner Küche, wenn die geputzten und gewaschenen Röhrchen vor mir liegen, erinnere ich mich an mein allererstes Erlebnis in Sachen Kräuter. Heute nach gut dreißig Jahren – o Gott! – wird mir immer bewußter, daß es wohl mein Schlüsselerlebnis überhaupt gewesen ist. Dieses Geschehen hat sich wie ein roter Faden durch mein Leben gezogen, manchmal unsichtbar, manchmal dünn wie ein Seidenfaden, oft aber klar und eindeutig wie eine Kordel und einige Male sogar als Rettungsleine, so unwahrscheinlich es auch klingen mag.

Weinlauchpfannkuchen

Weinlauch kann bereits im Januar geerntet werden.
Aus Mehl, Eiern, etwas Milch und einer Prise Salz einen Pfannkuchenteig anrühren und ca. 10 Minuten ruhen lassen. Je nach Menge der benötigten Pfannkuchen 1-2 große Bündel Weinlauch heiß waschen und in Röllchen schneiden oder hacken, mit dem Pfannkuchenteig vermischen und in wenig Öl dünne Pfannkuchen ausbacken. Diese Kräuterpfannkuchen schmecken zu Gemüse, grünen Salaten und besonders gut zu Spargelgemüse mit brauner Butter oder Buttersoße.

Kindheit in der Großstadt

Meine Schwester und ich wuchsen in der Großstadt auf. Zusammen mit unseren Eltern wohnten wir in einer kleinen Etagenwohnung im vierten Stock eines Mietshauses in der Stadtmitte. Trotzdem hatten wir das Glück, daß sich gegenüber unserer Wohnung eine Parkanlage befand, so daß wir wenigstens den Wechsel der Jahreszeiten in der Natur wahrnehmen konnten. Auch das ist ja vielen Kindern in der Großstadt je nach Wohngegend nicht mehr möglich.

Eines hat mich noch geprägt: der Schrebergarten meiner Eltern. Am Stadtrand befand sich damals noch eine beträchtliche Anzahl solcher Schrebergärten, die – obwohl heute wie einst sehr beliebt – in diesen Tagen nicht mehr das ausstrahlen, was sie für mich einmal waren: ein kleine Idylle mit Abenteuern. Heutzutage sind das ja oft Prestigeobjekte mit ferienhausähnlichen Bauten und „deutscher Fahne". Über nachbarschaftliche Beziehungen gelang es unseren Eltern, einen jener Gärten zu bekommen. Die Bezeichnung „Garten" war allerdings zu diesem Zeitpunkt etwas übertrieben. Altersbedingt sahen sich die Vorbesitzer offenbar schon längere Zeit nicht mehr in der Lage, diesen zu bestellen, und so sah cr auch aus: eine Wildnis! Es war Anfang März, und mangels Pflege standen die Überbleibsel vom letzten Jahr kreuz und quer.

Verdorrt, abgestorben, braun – die Spuren vom vergangen Winter erkannte man noch deutlich.

Das war also unser neuer Garten! Aber als Kind sieht man doch manches noch unbeschwerter, offener und ohne eingefahrene Denkmuster. Dies ist eine Eigenschaft, die mit fortschreitendem Alter den meisten Menschen leider abhanden kommt. Doch zurück zur Wildnis! Ich hatte keine Ahnung, was da alles so wuchs, aber es war sehr interessant, Bäume, Sträucher und Stauden zu entdecken, wie immer sie auch heißen mochten. Was mich jedoch am meisten überrascht hat – und damit komme ich auf mein Schlüsselerlebnis zu sprechen – war: Schnittlauch! Inmitten der Wildnis und dem Einheitsbraun abgestorbener Pflanzenreste entdeckte ich jungen, frischen, grünen Schnittlauch. Er war richtig schön gewachsen, nicht abgeschnitten und gebündelt, wie ich ihn bisher vom Markt her kannte. Ich glaube, es waren die drei besten und wichtigsten Schnittlauchröhrchen meines Lebens, die ich an jenem Märztag gepflückt und „probiert" habe. Der Winter war vorbei. Das wurde mir zum ersten Mal richtig bewußt, und plötzlich entdeckte ich auch an den anderen Pflanzen Knospen und Triebe. Heute weiß ich, daß mit diesem Erlebnis meine Zukunft als Stadtmensch den ersten Riß bekam.

Dieser Garten hat mir in den folgenden Jahren das Kommen und Gehen der Jahreszeiten nähergebracht, aber zeitweise habe ich ihn auch gehaßt. Dies war immer dann der Fall, wenn wir im Sommer bei schönstem Schwimmbadwetter unsere Eltern zum Gießen und Unkrautrupfen begleiten mußten. Geerntet habe ich allerdings dabei gerne, besonders in den Mund.

Soweit zu meinem Kräuterhexen-Schlüsselerlebnis.

Eine wunderschöne Erinnerung an Kräuter und Frühling habe ich noch in Verbindung mit dem Kindergarten. Wir Kindergartenkinder feierten jedes Jahr ein „eigenes Osterfest“. Zur Ausschmückung der Kindergartenräume benötigten wir natürlich jede Menge „Grünzeug“. Dies war jedes Mal Anlaß für einen Ausflug in den nahegelegenen Hardtwald. Dort fanden wir meistens schon in dieser Jahreszeit das Scharbockskraut mit seinen gelben Blüten. Heute gibt es noch viele Menschen, die dieses Kraut als Butter- oder Dotterblume bezeichnen, was allerdings falsch ist. Ebenso wissen die wenigsten Naturverbundenen, daß diese Pflanze eßbar ist, wenn auch nur in geringen Mengen und nur vor der Blüte. Man findet das Scharbockskraut als Bodenkriecher unter Büschen am Ackerrain wie auch in lichten Wäldern.

Für Kinder sind natürlich in erster Linie die gelben Blüten wichtig, um den ersten Blumenstrauß zu pflücken. Einmal lag aber der Termin für Ostern sehr früh, und wir konnten mit unseren Kindergartentanten noch keine grünen Zweige schneiden. Da habe ich zum ersten Mal

Efeu kennengelernt, und daß er immergrün ist. Wir haben uns sogenannte Osterstecken gebastelt. Holzstäbe wurden oben mit bunten Bändern geschmückt und mit den gesammelten Efeuranken umwunden. So hatten wir ein Sinnbild für den Frühling: bunt und mit frischem Grün. Ja, man hat sich auch mit Stadtkindern Mühe gegeben, damit sie den Jahresablauf kennenlernten. Als Kräuterhexe erkläre ich heute meinen Exkursionsteilnehmern, daß Efeu früher als Hustenmittel eingesetzt wurde und heute noch Auszüge aus Hedera helix, das ist der botanische Name des Efeus, in Hustentropfen Verwendung finden.

Der Efeu hat aber auch Geschichte. Als immergrüne Pflanze ist er bis heute Sinnbild der Unsterblichkeit. Die Charakterzüge dieser Pflanze wie anschmiegend, anlehnend, anklammernd galten bereits in der Antike als Symbol für Freundschaft, Treue, Sinnlichkeit und – wie kann es anders sein – auch für Weiblichkeit. Nun ja, früher...

Kräuterhexentaufe

Nach diesem kleinen Ausflug in die Vergangenheit zurück zur heutigen Kräuterhexe! – Apropos Kräuterhexe: Ich glaube, dazu sollte ich einiges erklären. Zunächst einmal bin ich stolz darauf, so genannt zu werden. Denn ich habe mir diese Bezeichnung nicht selbst gegeben, sondern sie wurde mir von einem Exkursionsteilnehmer verliehen, wie ich auch von anderen Teilnehmern meiner Kräuterwanderungen, Vorträge und Kurse mit diesem Namen belegt werde. Es ist mir wichtig zu betonen, daß dies immer mit einem humorvollen Augenzwinkern verbunden ist; denn der Begriff „Hexe" ist auch heute im 20. Jahrhundert noch mit Vorsicht zu gebrauchen. Ich denke dabei natürlich nicht an brennende Scheiterhaufen, sondern eher an bestimmte merkwürdige Geistesregungen in unserer Gesellschaft. Ja und dann gibt es auch noch gewisse Damen in meiner Umgebung, die eine solche Bezeichnung schlichtweg als Beleidigung empfinden. Ich meine damit beispielsweise Kolleginnen der bildenden Künste. Wir werden später noch sehen, welche Verbindungen Kunst und Kraut miteinander eingehen. Für mich ist es jedenfalls eher ein Kompliment, so genannt zu werden; denn Kräuterhexen waren schon immer Frauen, die etwas mehr wußten und auch in der Lage waren, dieses Wissen umzusetzen, was mit

Sicherheit eine starke Persönlichkeit bedeutete, wenn man so an die möglichen Folgen denkt. Aus eigener Erfahrung weiß ich, daß es auch heute noch Menschen gibt, die mit einer derartigen Person ihre Probleme haben, was immer auch die Ursache sein mag. Eine gedankliche Form des Scheiterhaufens gibt es wohl noch immer...

Die positive Akzeptanz überwiegt jedoch, und damit erklärt sich von selbst, daß der Leser, der jetzt dieses Buch in seinen Händen hält, es mit einer guten Hexe zu tun hat. Um alle Zweifel zu beseitigen, gebe ich zu, mich als Kräuterhexe wohl einer gewissen Art der Magie – nämlich der weißen – zu bedienen. Sonst wären viele Dinge in meinem Leben unmöglich. Diejenigen unter den Lesern, die Kenner und Insider in Sachen Magie sind, wissen, daß damit die Magie zugunsten des Menschen gemeint ist. Die schwarze Magie wird gegen den Menschen eingesetzt. Folgen Sie mir nun in der Gewißheit, es mit einer guten Hexe zu tun zu haben, in die wunderbare Welt der Kräuter mit ihren vielfältigen Düften, Pflanzenformen und Anwendungen, die schon über Jahrhunderte hinweg den Menschen geholfen haben, ihr Leben angenehmer zu gestalten. Sei es als Nähr- oder Heilmittel oder daß sie durch Blüten und Düfte zum allgemeinen Wohlbefinden beitrugen. So wie schon von unseren Vorfahren das erste Grün im Jahr voller Freude begrüßt wurde – bedeutet dies doch das Ende des Winters! –, möchte auch ich dem Leser die Kräuter des

Früh-Jahres als erste vorstellen. Wie man sieht, schreibe ich das Wort „Früh-Jahr“ etwas abweichend; denn – wie eingangs erwähnt – liegt der Beginn meines Kräuterhexenjahres bereits sehr früh und ist nicht identisch mit dem kalendarischen Frühlingsanfang.

Weinlauch habe ich bereits geerntet, und beinahe zur gleichen Zeit können schon die ersten Blättchen der Pimpinelle gepflückt werden. Dieses Pflänzchen steht oft sogar in der Nachbarschaft des Weinlauchs, so daß beide als Zutaten zu einer ersten Wildkräuterspeise des Jahres gesammelt werden können.

Die Kräuterhexe begibt sich in ihre Küche und zaubert daraus: Weinlauchpfannkuchen, Winterblattsalat mit Pimpinelle und Sahne, Kräutertatar mit Pimpinelle und Weinlauch zu Kartoffeln oder Fleisch. Die berühmte Grüne Soße mit Pimpinelle wird im späteren Verlauf des Jahres zubereitet, wenn das Frischkräuterangebot größer ist. Der frische, intensive Geschmack von Zwiebeln und Knoblauch einerseits und nach Gurken durch die Pimpinelle andererseits bereichert die um diese Zeit aufwendig gezüchteten, aber aromaarmen Salate enorm.

Kräutertatar

Je eine Handvoll verschiedener Wildkräuter wie z.B. Knoblauchranke, Bärlauch, Weinlauch, Pimpinelle, Feldsalat und Sauerampfer heiß waschen oder blanchieren und fein wiegen. Eine kleine Zwiebel und 2 Knoblauchzehen fein hacken, mit 2 Bechern Crème fraîche und einem Becher Joghurt verrühren. Die Kräutermischung dazugeben und mit etwas Meersalz würzen. Zu Bratkartoffeln, Fisch, Steaks oder gekochtem Rindfleisch servieren.

Frühjahrskräuter in der Hexenküche

An dieser Stelle finde ich es wichtig, daß wir uns einmal Gedanken darüber machen, wie früher – ohne Treibhausgemüse und -salat – der Winterspeiseplan ausgesehen haben mag. Die Speisen bestanden aus getrockneten und eingelagerten oder gepökelten Teilen und Zutaten. Das Angebot an vitaminhaltigen und frischen Pflanzen war so gut wie nicht vorhanden, denn der Supermarkt oder Lebensmittelladen war späteren Generationen vorbehalten. Unsere Ahnen und Urahnen besaßen nun nicht das Wissen über Mineralstoffe und Vitamine und deren Wirkung auf den Organismus. Aber sie hatten etwas, das den meisten von uns abhanden gekommen ist: eine intensive Beziehung zu der sie umgebenden Natur. Und sie hatten den sicheren Instinkt, deren Schätze zu erkennen und sie für sich einzusetzen.

Aus dieser Geisteshaltung heraus sind die vielen Rituale, in denen Pflanzen eine Rolle spielen, erklärbar. Daß dieses im Frühling verstärkt der Fall war, läßt die Freude über die neu erwachte Natur und das erste Grün erkennen. Das gesamte Frühjahrsbrauchtum von Februar bis Ostern hat „neues Leben", Fruchtbarkeit und Gesundheit als Grundthemen. Die ersten grünen Blätter, die damals gefunden wurden, hatten in der Vor-

Winterblattsalate mit Pimpinelle

Endivien, Eichblatt- und Feldsalat waschen und mischen.
Für die Salatsoße kaltgepresstes Olivenöl, Rotweinessig, Kräutersalz, Pfeffer oder 1 Eßlöffel Senf mit einem halben Becher süßer Sahne verrühren.
Einen großen Bund Pimpinelle (junge Blätter vor der Blüte) gut waschen und kleinhacken. Wenn die Blattstiele bereits zu hart sind die einzelnen Fiederblättchen abzupfen und ebenfalls kleinhacken. Die Pimpinelle nun mit der Salatsoße verrühren. Den Salat mit Tomatenscheiben, in Scheiben geschnittenen gekochten Eiern und Zwiebelringen auf Salattellern anrichten und mit der Kräutersalatsoße überziehen.

stellung unserer Vorfahren die größte Heil- und Segenswirkung und wurden sogleich an Ort und Stelle verzehrt. Heute würde man sagen, es war der erste Vitaminstoß nach einem langen Winter ohne Zitrusfrüchte, Paprika und Salate.

Wenn ich heute unterwegs bin, um nach Kräutern zu suchen – vielleicht, um eine Wildkräutersuppe zu kochen –, geht es mir ähnlich wie den Menschen in alten Zeiten. Ich freue mich über jedes frische Blättchen und die damit verbundene Hoffnung auf „ein Neues", und daß es immer wieder weitergeht. Das setzt unheimliche Energien in mir frei. Auch Kräuterhexen haben manchmal ein seelisches Tief, und dann kann der bewußte Umgang mit der Natur um uns herum sehr hilfreich sein. Vielleicht hat der Leser schon einmal von der „Gründonnerstagssuppe" gehört oder gelesen. Dieser Brauch, in der Osterwoche eine „grüne" Suppe zuzubereiten, stammt bereits aus heidnischer Zeit. Damals gehörte es zu den Frühjahrsritualen, eine Speise aus den besonders heilsamen Früh-Kräutern zu sich zu nehmen, um damit Gesundheit für das ganze Jahr zu erhoffen. Dieser Brauch wurde im Zuge der Christianisierung übernommen, und so entstand die Gründonnerstagssuppe. Diese mußte aus neun verschiedenen Kräutern bestehen.

In meinen Kräuterkochkursen und in der eigenen Krauterhexenkuche hat diese geschichtsträchtige Zubereitung einen festen Platz. Das Rezept setzt allerdings eine gewisse Erfahrung im Kochen und Sammeln von Kräutern voraus, da es weder in den Mengenangaben noch in der Zusammensetzung festgelegt werden kann. Beides richtet sich immer nach dem Angebot aus der Natur. Und diese Tatsache macht deutlich, daß es sich um ein echtes Uraltrezept handelt. Einige Kräuter meiner „Kräutersuppe nach Art der Kräuterhexe“ sind:

- Weinlauch
- Schafgarbe
- Spitzwegerich
- Sauerampfer
- Gänseblümchen
- Knoblauchrauke
- Wiesenkerbel
- Löwenzahn
- Vogelmiere
- Scharbockskraut
- Brennessel
- diverse Kressearten.

Irgend etwas davon ist immer zu finden und meist auch ausreichend für eine Suppe. Wenn der Leser diese Zusammensetzung liest, ergeht es ihm vielleicht ebenso wie den Teilnehmern meiner Kochkurse, die mutig genug waren, einmal die „Wilde Küche“ kennenzulernen und sich bei mir angemeldet hatten.

Ein Kochabend bei einer Kräuterhexe sieht freilich etwas anders aus, als man es vom Fernsehen oder sonst irgendwoher kennt und gewöhnt ist. Aus Zeitgründen gehört das Kräutersuchen

Wildkräutersuppe

Beliebig viele Wild- und Gartenkräuter je nach vorhandener Menge wie z.B. Melde, Guter Heinrich, Feldsalat, Pimpinelle, Brennessel, Bärlauch, Gänseblümchen, Löwenzahn, Vogelmiere, Gundermann u.v.a.m. gut waschen, kleinschneiden und in Butter mit einer kleingehackten Zwiebel andünsten und mit Rinder- oder Gemüsebrühe auffüllen (ca. 1 l). Die Kräuter darin garkochen und pürieren. Durch die Zugabe von 2 Scheiben Weißbrot während des Kochens wird die Suppe sämiger. Zum Schluß einen Becher süße Sahne einrühren und mit Salz und Muskatnuß abschmecken. Dazu in Knoblauchbutter geröstete Weißbrotscheiben servieren.

zwar zu meinen Aufgaben – trotz geübten Blickes sind immerhin noch ca. drei Sammelstunden vonnöten, und der Leser kann sich leicht vorstellen, daß es ein Tagewerk bedeuten würde, mit einer Gruppe Ungeübter ein solches Vorhaben zu verwirklichen –, den krummen Rücken darf sich anschließend jedoch jeder gern selbst machen. Aber man soll ja etwas lernen. Aus diesem Grund wird das gesamte Sammelgut einschließlich anhaftender Wurzel-, Gras- und Moosreste in der Küchenmitte auf einem Haufen präsentiert. Denn auf diese Weise gemischt, werden die Kräuter schließlich auch draußen vorgefunden.

Der Kommentar: „Un des solle mir esse?" kommt jedesmal wie das Amen in der Kirche. Die Flucht hat bei diesem Anblick bis jetzt aber noch niemand ergriffen. Das Vertrauen in eine Kräuterhexe ist demnach doch enorm. Nach ein paar erklärenden und beruhigenden Worten gehen dann doch alle daran, diesen Berg im wahrsten Sinne des Wortes abzuarbeiten, und damit wird auch der imaginäre Berg der Unwissenheit immer flacher. Zum Schluß haben wir dann kleine, fein säuberlich gerichtete Häufchen der einzelnen Kräuter vor uns liegen und können an die weitere Verarbeitung gehen. Meistens reicht die Zeit und das Sammelgut für drei Zubereitungsarten: einen Salat, einen Spinat und nicht zuletzt das berühmte Kräutersüppchen. Frisches

Weißbrot und selbst gemachte Kräuterbutter steuert die Kräuterhexe persönlich bei.

Während nun Kräuter kleingeschnitten, heiß gewaschen und Butter zum Schmelzen gebracht wird, erfahren meine Kräuterköche einiges über den Umgang mit der „Wilden Küche". Das wichtigste davon, das man wissen sollte: Es sind alles hochwirksame Pflanzen, mit denen wir es zu tun haben. Das betrifft zunächst einmal die Inhaltsstoffe, denn die meisten Wildkräuter sind ebenso Heilkräuter und sollten demnach sparsam dosiert werden. Außerdem haben sie noch das ihnen eigene Ur-Aroma, d.h. man muß sich an den intensiven und eigenartigen Geschmack gewöhnen. Man hat sich über viele Jahre hinweg die Mühe gegeben, aus unserem Anbaugemüse diese Eigenart herauszuzüchten, also zu zerstören. Ich bin mir nicht sicher, ob ich über manche Ergebnisse dieses Züchterstolzes so richtig glücklich sein soll, aber Uniformismus gibt es ja nicht nur in bezug auf Nahrung. Originale sind mir sowohl im Pflanzen- als auch im Menschenreich allemal lieber! Da ich ebenfalls künstlerisch tätig bin, habe ich für mich eine ganz persönliche Philosophie entwickelt: Menschen in Farben zu sehen. Von den einzelnen Farbtönen und Nuancen einmal abgesehen, gibt es helle, dunkle, grelle, leuchtende, strahlende und bunte, aber auch verwässerte und farblose Geschöpfe. Der Leser mag es auch einmal probieren, seine

Umwelt „farbig" zu sehen. Es führt zu erstaunlichen Ergebnissen. Auf unsere Kräuter übertragen – und das ist ja unser eigentliches Thema (ich weiß auch nicht, warum sich mir immer wieder andere Vergleiche aufdrängen) –, bedeutet das, jede Pflanze hat ihr eigenes Aroma, und das sollte man kennen, um keine bösen Überraschungen zu erleben. Intensiv wird diese Erfahrung immer sein, ist es doch für die meisten unter uns ein neues Kennenlernen von schwer Vergleichbarem. Wer nicht gleich „in das Gras", d.h. in diesem Fall „in das Kraut" beißen will, kann sich dem Geschmack durch die Zubereitung eines wäßrigen Auszugs nähern. „Wäßriger Auszug" bedeutet in diesem Fall, eine Handvoll Kraut wird mit einer Tasse voll Wasser oder dünner Brühe aufgekocht und anschließend abgeseiht. Diese Suppe kann man dann getrost auslöffeln und dabei den spezifischen Geschmack kennenlernen. Vorausgesetzt, man kennt sein Kräutlein genau! Verwechslungen sind zwar weniger gefährlich als bei Pilzen, kommen aber immer wieder vor. Kräuter, gegen die man sofort Abneigung empfindet, sollte man ganz weglassen; denn auch bei der raffiniertesten Zubereitung wird sich der Geschmack nicht leugnen lassen. Kräuter sind starke Persönlichkeiten. So habe ich beispielsweise meine Probleme mit Anis und Kümmel und weiche aus diesem Grund auf Fenchel aus.

Ein leichterer Einstieg in die Wildkräuterküche ist durch eine Mischung von Bekanntem und Unbekanntem möglich. Aus dieser Erfahrung heraus gestalte ich meinen Kochabend auch etwas humaner und verwende für einen Wildkräutersalat einen Kopf-, Endivien- oder Feldsalat als Grundlage. Dieser wird dann nach und nach mit den Kräutern vermischt und wie gewohnt mit einer klassischen Essig-Öl-Marinade oder aber mit einem Sahnedressing angemacht.

Dasselbe gilt bei der Zubereitung von Wildspinat. Ein großes Raunen geht aber dann durch die Reihen, wenn ich nicht mit dem handelsüblichen Blattspinat anfange, sondern Endiviensalat wie diesen behandle. In Butter gedünsteter Endiviensalat – der Leser sollte einmal den Versuch machen! Diesem Endiviengemüse werden in gleicher Menge Wildkräuter zugegeben und mitgedünstet.

Die hohe Zeit der Wildkräuterküche beginnt um die Osterzeit, und ich empfinde es jedes Jahr von neuem als eine wunderbare Möglichkeit, die Natur, den Frühling mit seinem zarten Grün und neuem Leben nicht nur optisch, sondern auch kulinarisch genießen zu können – und dies sogar mit historischem Hintergrund, wie ich noch erläutern werde !!!

Dazu ein Menüvorschlag nach Art der Kräuterhexe für die Festtage im Frühjahr:

Wildkräutersuppe mit Sahne

—

Gemischter Salat aus Kopfsalat und Kresse mit einem Kräuterdressing aus saurer Sahne, Pimpinelle, Bärlauch, Weinlauch oder Knoblauchrauke und Schalotten, garniert mit Gänseblümchenblüten. Dazu selbstgebackenes Kräuterbrot.

—

Lammkeule, gewürzt mit Thymian und Rosmarin, mit Kartoffelgratin und Wildkräutertatar.

—

Crêpes, gefüllt mit einer Konfitüre aus wilden Preisel- und Heidelbeeren.

Wenn man sich nun alle erdenkliche Mühe bei der Zubereitung dieses Mahles gemacht hat, eventuell noch an einem Osterfeiertag, Gäste vor der Türe stehen und man im letzten Augenblick von Zweifeln befallen wird, ob derart „Wildes" nicht dazu verleitet, eher das nächste Gasthaus aufzusuchen, so rate ich der Köchin oder dem Koch aus eigener Erfahrung: „Bewahren Sie Ruhe." Man sollte einfach ein Überraschungsmenü ankündigen (das macht schon neugierig!),

Wildkräutergemüse

Verschiedene Wildkräuter, ähnlich wie im Rezept „Wildkräutersuppe" beschrieben, ergänzt durch Spitzwegerich, Schafgarbe, Giersch, Taubnessel u.a. heiß waschen und hacken oder wiegen. Schinkenspeckwürfel, eine gehackte Zwiebel und drei zerdrückte Knoblauchzehen in Butter andünsten. Die Kräutermischung kurz mitdünsten und in wenig Brühe weitergaren, bis die Flüssigkeit eingekocht ist. Einen halben Becher Sahne mit zwei gestrichenen Eßlöffel voll Mehl verrühren und zu der Spinatmischung geben. Einmal aufwallen lassen und mit Salz und Muskat gewürzt servieren

und man sollte es aus diesem Grund jedem Gast erlauben, seinen Anteil stehenzulassen, wenn es ihm nicht schmeckt. Ich bin sicher, es wird nicht viele Reste geben. Als Abschluß und Höhepunkt präsentiere man dann die Menükarte, und man wird in erstaunte Gesichter blicken. Der mit Sicherheit folgende Kommentar lautet dann: „Un des hen mir gesse?“ (Übersetzt: „Und das haben wir gegessen?“) Ja, und es hat geschmeckt!

Ostern und „verhexte Eier“

Wenn ich als Sternenfelser Kräuterhexe zu einem derartigen Ostermenü einlade, wird natürlich auch das Umfeld – in diesem Fall die Kräuterhexenküche – passend, sozusagen als ein „Gesamtkunstwerk“, gestaltet. Zugegeben, das klingt etwas theatralisch und kompliziert, gemeint ist aber lediglich das ästhetische Erlebnis, das sich durch Ambiente und Genuß ergibt; denn wenn ich mir schon cinc solchc Mühc mache – das kommt auch bei Hexen vor, hier wird nicht alles gezaubert –, soll das Ganze nicht innerhalb kürzester Zeit vergessen sein, sondern doch noch etwas länger nachwirken, in Erinnerung bleiben und damit in den Bereich der Besonderheiten aufrücken. Der hohe Anspruche von „Künstlertypen“ – ich kenne diese Bemerkung!

Als Tischdekoration wähle ich in solchen Fällen – wie kann es anders sein – Kräuter. Frische Kräuter, Pflänzchen direkt von der Wiese zu einem Minikräutergarten in einer Schale oder einem Korb arrangiert. Ich nehme dann z. B. Gänseblümchen, Veilchen, Spitzwegerich, Schnittlauch und Petersilie (gibt es im Topf!) und verwende als Untergrund ein Gras- oder Moosbett. Dazwischen liegen Eier, „natürlich“ gefärbt. Da darf man schon einmal in die Tischmitte greifen und sich eine Kostprobe nehmen.

Der Doppelsinn des Wortes „natürlich“ ist schnell erklärt: einmal handelt es sich um Ostereier, zum anderen werden diese mit natürlichen Mitteln gefärbt und verziert. Gefärbt in klassisch rot, braun, gelb und violett mit Krappwurzel-, Zwiebel- und Blauholzauszügen. Ich verziere in der Ausspar- oder Batiktechnik mit Hilfe von Kräuterblättchen, die dann als helles Abbild auf den Eiern zu bewundern sind. Eine weitere alte Technik des Eierverzierens ist das Auskratzen. Dabei werden Muster oder Pflanzenbilder mit Hilfe eines spitzen Gegenstandes aus der gefärbten Eierschale ausgeritzt. Bei der Kräuterhexe findet man aber darüber hinaus zwei weitere Sorten von Ostereiern, deren äußere Erscheinung bereits auf Hexerei schließen läßt. Das sind zum einen meine mit Kräutercollagen illustrierten Sprucheier und zum zweiten sogenannte verhexte Eier. Sprucheier haben eine alte Tradition. Sie werden ähnlich wie im Poesiealbum mit einem gutgemeinten Spruch für die Zukunft versehen und an nahestehende Menschen verschenkt. Meine Sprucheier erfüllen den gleichen Zweck, sind jedoch mit besonders ausgesuchten und auf den Empfänger bezogenen „schlauen Sprüchen“ aus der Weltliteratur versehen.

So weit, so gut. Was aber hat es mit den verhexten Eiern auf sich?

Zunächst einmal ist ihre Seltenheit zu erwähnen. Ungefähr ein Ei pro tausend ist verhext. Sodann ihr Aussehen: gefurcht, wie eingedrückt

Ostermenü
Vollkornweißbrot mit
hausgemachter Kräuterbutter
Kleiner Blattsalat mit
Wildkräuterdressing
Bärlauch-Süpple
Lammfilet mit Knoblauch-
kräutersoße und Kartoffel-
gratin
Vanilleeis mit in Brombeer-
Sherry marinierten Wald-
beeren und Sahne
Viele
klagen über ihr
schwaches Gedächtnis.
Aber nur wenige über
ihren schwachen
Verstand.

wirkend, asymmetrisch geformt, mit merkwürdigen Abdrücken wie beispielsweise Sonnenformen und dieses in unterschiedlichen Größen und Oberflächen. Völlig unvorstellbar, daß es sich hierbei um Hühnereier handelt. Solche Eier findet man nicht in den Eierregalen der Lebensmittelmärkte mit ihren exakt ausgewiesenen Handels- und Gewichtsklassen, bei denen im wahrsten Sinne des Wortes ein Ei dem anderen gleicht.

Doch es gibt sie tatsächlich! Eier, die in kein Schema oder Raster passen, die sich nicht in Handelsklassen einteilen lassen, sondern Eier mit Persönlichkeit und Individualität. Der Vergleich mit Menschen drängt sich mir wiederum auf. Man finden jedoch einen gravierenden Unterschied: Menschen erlaubt man – Gott sei Dank! – ihre Eigenarten; Eiern grundsätzlich nicht! Damit erklärt sich auch der große Unbekanntheitsgrad der verhexten Eier. Denn diese werden normalerweise einfach „vernudelt“, da sie als unverkäuflich gelten und daher nichts in den Eierregalen zu suchen haben, es sei denn, es gibt eine Kräuterhexe, die sich ihrer annimmt und sie färbt und verziert, gerade weil sie so merkwürdig aussehen.

Die gute Zusammenarbeit mit einem Geflügelhof ist in diesem Fall natürlich Voraussetzung. In der Nähe des Ortes, in dem ich wohne, gibt es einen solchen, und dessen Besitzer hat vollstes Verständnis für meine Eierwünsche. Dort auf seinem Hof kann man außerdem erfahren, daß es bei diesen Eiern durchaus mit rechten Dingen zugeht. Es handelt sich um sogenannte „Schreckeier“. Hier lüftet sich ein kleines Geheimnis: Die merkwürdigen Ausformungen der Eier sind in Wirklichkeit nichts anderes als Abdrücke des Hühnerdarmes. Es klingt zwar unwahrscheinlich, aber es ist leicht und kurz erklärt: Das Huhn erschrickt im Moment des Eierlegens, zuckt zusammen, und der noch weiche Kalk der Eierschale erhält so seine „Form“. Auch auf einem Hof mit glücklichen Hühnern entstehen solche Extravaganzen. Diese Tatsache ist sicherlich für diejenigen Leser wichtig, die Zweifel an einer artgerechten Hühnerhaltung hegen. Der Inhalt solcher Eier unterscheidet sich wohlgemerkt nicht im geringsten von dem der „normalen“ Eier.

Für Überraschungen beim Färben der Eier sorgt darüber hinaus die unterschiedliche Zusammensetzung der Schale. Wenn zehn Eier in einen Topf mit ein und demselben Farbkräuterauszug eingelegt werden, ergeben sich daraus zehn verschiedene Farbnuancen. Für mich ist diese Tatsache wesentlich interessanter als das Färben mit hochpigmentierten synthetischen Eierfarben, die garantiert immer denselben Farbton ergeben.

Aber das ist oftmals Zeit- und Ansichtssache; ich spreche hier lediglich für mich persönlich.

Färben mit Naturfarben

Naturfarben werden aus Färbekräutern oder Pflanzenteilen wie Rinden, Schalen oder Wurzeln gewonnen. Zum ansetzen der Färbebrühe weicht man die gesammelten oder gekauften Färbepflanzen einige Stunden in kaltem Wasser ein. Danach wird das Wasser mit Inhalt aufgekocht und ca. eine halbe Stunde weitergeköchelt. Anschließend durchsieben. Die nun entstandene Färbebrühe kann sowohl heiß wie auch kalt zum Färben weiterverwendet werden. Färbematerialien sind alle Naturtextilien und Ostereier. Hier einige Färbekräuter und die daraus entstehende Farbe:

Rainfarn: hellgrün
Kamille: hellgelb
Krappwurzel: Rottöne
Schafgarbe: hell-olivgrün
Walnußschale: dunkelbraun
Zwiebelschale: rotbraun

Ich habe bereits erwähnt, daß ich diese Ostereier in die Tischdekoration integriere, indem ich einige zwischen die Tischkräuter lege und einige als sogenannte Eierstecken wie Blumen dazwischen arrangiere.

Meine wertvollsten Exemplare allerdings sind jene, die von allen Seiten sichtbar sein sollen. Diese hängen über der Festtafel an einem Osterkranz aus Heu, Buchs und Moos. Es gibt in vielen Haushalten auch den Osterstrauß, bei dem die Eier an blühende Zweige gehängt werden, doch die Symbolkraft eines Kranzes empfinde ich persönlich gerade in der Osterzeit als etwas Besonderes. Beim Betrachten dieses Kranzes denke ich dann auch meistens an die noch vor mir liegende Zeit im Jahresablauf. Dabei kann es durchaus vorkommen, daß ich – verbunden mit einem tiefen Seufzer – versuche, alle Naturenergie mit Hilfe der Frühlingskräuter zu aktivieren; denn mein Kräuterhexenjahr wird von nun an immer arbeitsreicher.

Ende April beginnen die Kräuterwanderungen. Viele interessierte und wißbegierige Menschen nehmen daran teil. Sie begeben sich für etwa zwei Stunden in die Hand einer Kräuterhexe, um wichtige Dinge für ihr Leben mit Kräutern zu erfahren. Jeder, der einmal einen zweistündigen Vortrag ohne ein Wasserglas in erreichbarer Nähe gehalten hat, kann nachempfinden, welche Anforderungen damit für Geist und Stimme verbunden sind.

Knoblauch-Gedanken

An dieser Stelle – ich habe ja gerade Geist und Gedanken angesprochen – möchte ich noch einmal etwas genauer auf eine Familie meiner Lieblingskräuter eingehen. Ich meine damit alle jene Kräuter, in deren Namen der Begriff „Lauch" vorkommt. Das sind beispielsweise Weinlauch, Schnittlauch, Knoblauch, Bärlauch und auch die Knoblauchrauke, auch Lauchhederich genannt. Alle haben eines gemeinsam: den Inhaltsstoff Allicin, der verantwortlich zeichnet für das gewisse „G'schmäckle" eines jeden Gerichts, das mit einem dieser Kräuter zubereitet wird. Diese Gerichte liebe ich, wenngleich ich auch lernen mußte, damit umzugehen, nicht nur in bezug auf die Dosierung, sondern auch wegen einer ihrer Heilwirkungen: der blutdrucksenkenden. Bei Menschen mit erhöhtem Blutdruck werden Knoblauchpräparate aus diesem Grund zur Therapie eingesetzt. Das ist ja soweit in Ordnung, aber was mache ich als chronischer „Unterdruckler" mit einer Vorliebe für alles, was nach Knoblauch schmeckt, wenn ich die unangenehmen Folgen für meinen Kreislauf verhindern will? Es ist ganz einfach, und dies gehört zum Einmaleins einer guten Kräuterhexe: Ich gleiche die blutdrucksenkende Wirkung mit einem Gegenkraut aus. In diesem Fall nehme ich Rosmarin, auf den ich später noch zurückkommen werde.

Eine ebenso wichtige Heilwirkung der „Knoblauchkräuter“ – botanisch gehören sie zu den Lilien, mit Ausnahme der Knoblauchrauke – ist die Förderung und Verbesserung der Durchblutung. Da diese Wirkung besonders beim Gehirn nachgewiesen wurde, wo sie die Verkalkung und Verengung der Blutgefäße verhindert, wäre es sicherlich für einige unserer Zeitgenossen wichtig, Knoblauch in irgendeiner Form zu sich zu nehmen. Ich meine ja nur ...

Die allgemein antibakterielle und antibiotische Wirkung war schon zu Zeiten der ägyptischen Pyramidenbauer bekannt. Während der Bauzeit dieser Weltwunder wurden einmal Zwiebeln und Knoblauch für die Arbeiter rationiert. Schnell stieg der Krankenstand, und es kam schon damals zu einem Streik, aufgrund dessen wieder normale Portionen eingeführt wurden.

Meine Lieblingsrezepte für Bärlauch und Weinlauch sind außer Pfannkuchen: Bärlauchquark, Mozzarella mit Bärlauch und Tomaten, helles Bärlauchsüpple oder -sößle; nicht zu vergessen ein frisches Brot mit Butter und Bärlauchröllchen belegt. Diese äußerst gesunde Pflanze wächst in lichten, feuchten Wäldern und sollte vor der Blüte geerntet werden. Hier fällt mir gerade ein, daß ich immer wieder nach einem Übel gefragt werde, das oft mit Ernten aus dem Wald in Verbindung gebracht wird. Es ist der Fuchsbandwurm. Um allen Diskussionen zu entgehen – und damit auch den Gefahren –, ob oder

Bärlauch-Süpple

Aus Butter und Mehl eine helle Mehlschwitze anrühren und mit 1 l Rinder- oder Gemüsebrühe auffüllen. Etwas einkochen lassen, bis sich die Flüssigkeit um ca 1/3 verringert hat. Dann eine gute Hand voll frische, gehackte oder pürierte Bärlauchblätter hinzu-fügen. Einmal aufwallen lassen und mit schaumig geschlagener süßer Sahne (1/4 l) abbinden. Mit etwas Salz und Pfeffer würzen.

ob es nicht zu Infizierungen kommen könnte, rate ich in diesem Fall immer, die Bärlauchblätter zu blanchieren. Die Struktur der Blätter leidet zwar etwas unter dieser Behandlung, das ist aber im Hinblick auf die Gesundheit zu akzeptieren.

Nun wird es natürlich viele unter den Lesern geben, die den Geruch oder Geschmack von Knoblauch zutiefst verabscheuen. Dazu fällt mir ein Zitat aus dem legendären Film „Ben Hur" ein, in welchem Mesalla seinen Freund Ben Hur ein vernichtendes „Wenn du nicht für mich bist, dann bist du gegen mich!" entgegenschmettert. Der Knoblauchgegner mag es mit Fassung tragen, denn er hat berühmte Leidensgenossen auf seiner Seite, nämlich Hexen und Vampire. Aber als Kräuterhexe darf ich doch eine Ausnahme machen?

Aus jenem Grunde und zudem, weil nach Ostern die große Zeit der Zauberkräuter beginnt, möchte ich meine Ausführungen mit Blick auf den Sommer fortsetzen. Die meisten Heilkräuter wurden in Zeiten des Aberglaubens auch in irgendeiner Weise als Zauberkräuter eingesetzt. Verschiedene Bräuche aus dieser Zeit haben sich bis heute erhalten. Der historische Hintergrund geriet dabei allerdings in den meisten Fällen in Vergessenheit.

Ein Kranz aus Gundelrebe

Eines meiner Lieblingskräuter, auf das ich bei meinen Kräuterexkursionen auch immer eingehe, ist die Gundelrebe, auch Erdefeu genannt. Dieses äußerlich eher unscheinbare Pflänzchen mit seinen herzförmigen Blättchen und lila Blüten war das wichtigste Kraut in der Walpurgisnacht, also in der Nacht auf den 1. Mai. Von alters her ist das die Nacht der Hexen, die sich im Harz auf dem Blocksberg mit dem Teufel treffen. In einer großen Anzahl an Berichten wurde von reitenden Hexen auf Besen und Mistgabeln erzählt, und es war natürlich von großer Wichtigkeit zu wissen, ob man in der Nachbarschaft einer solchen Hexe wohnte. In ihrem „normalen“ Leben war ja eine Hexe nie von einer Nicht-Hexe zu unterscheiden. Deshalb suchte man Mittel und Wege, wie es dennoch möglich wäre, die vielleicht nette und hilfsbereite und auf dem Gebiet der Heilkunst bewanderte Nachbarin als Hexe zu erkennen. Dazu benutzte man ein sogenanntes Hexenerkennungskraut – eben die Gundelrebe. Der dritte Name dieser Pflanze heißt Gundermann.

In der Walpurgisnacht wanden sich unsere Vorfahren einen Kranz aus dieser heilkräftigen und zauberwidrigen Pflanze, setzten ihn auf und erkannten somit sofort jede Hexe, die sich auf den Weg zum Hexentreffen begab.

Seither haben sich die Zeiten jedoch geändert, und ich werde schon sehr direkt gefragt, wo ich als Kräuterhexe die Nacht zum 1. Mai verbringe. Meine Antwort lautet dann, man möge sich doch um Mitternacht bekränzt mit Gundelrebe bei meinem Hexenhaus einfinden, um sich Gewißheit zu verschaffen. Bisher war jedoch weit und breit zu diesem Zeitpunkt kein Mensch zu sehen und schon gar nicht mit einem Gundelrebenkranz auf dem Kopf.

Erläutern möchte ich noch, warum die Hexen gerade in der Walpurgisnacht den Teufel aufsuchen: Es dreht sich hierbei um einen Racheakt des Teufels. Die heilige Walpurga war eine Schönheit, die immer wieder von ihm bedrängt wurde, ihm jedoch aufrecht widerstand, und da der Teufel ein nachtragendes Wesen ist, rächte er sich von Stund an damit, daß er sich wenig widerstandsstarke Frauen hörig machte. Wenn ich es mir richtig überlege, ist dies nicht unbedingt eine Erscheinung des düsteren Mittelalters.

Auf eine ganz weltliche Verwendung der Gundelrebe möchte ich an dieser Stelle hinweisen, und zwar zum Nutzen für die Gesundheit. Dieses Kraut ist ein Teil der Gründonnerstagssuppe, da es um diese Zeit noch nicht geblüht hat und der aromatisch bittere Geschmack noch nicht so stark ausgeprägt ist. Es wirkt stoffwechselanregend und heilend bei Magen-Darm- und Nierenstörungen.

Für Gartenbauer sei beiläufig erwähnt, daß die Gundelrebe außerdem ein vorzüglicher und kostenloser Bodendecker für den sogenannten Naturgarten ist.

Doch noch ein wenig zurück zum Hexenkult. Nachdem man nun mit Hilfe der Gundelrebe eine Hexe als solche erkannt hatte, galt es als nächstes, sie von Haus und Hof fernzuhalten. Dies mußte auf eine Art und Weise geschehen, die jeglichen direkten Kontakt mit diesem Wesen vermied, damit weder der „böse Blick“ noch ein Fluch oder Zauberspruch seine Wirkung entfal ten konnte. Den Einsatz von Knoblauch habe ich in diesem Zusammenhang schon erwähnt, unsere Vorfahren aber kannten noch weitere Möglichkeiten der Hexenabwehr. Dazu gehörte zum Beispiel das Anbringen von dornigen Zweigen an Haus- und Stalltür. Man nahm unter anderem Zweige vom Schlehdorn, Weißdorn und von der Heckenrose, welche als Kranz oder in Kranzform gebunden und aufgrund dieser Symbolik in ihrer Wirkung noch verstärkt wurden. Man verwendete auch Kränze aus Neunerleiholz: Die Zweige von neun verschiedenen einheimischen Gehölzarten, die je nach Landschaft variierten, wurden zum Kranz gebunden und an oder neben der Tür aufgehängt. Über die Schwelle eines derartig geschützten Hauses trauten sich weder Hexen noch sonst umgehende böse Geister.

Heute hat man den Türkranz wiederentdeckt. Er dient zwar nur noch rein dekorativen

Zwecken und wird daher auch aus dem Zeitgeschmack entsprechenden Materialien hergestellt, aber es ist doch interessant zu wissen, daß diese Art des Türschmuckes einer jahrhundertealten Tradition entspringt.

Eine andere Art der Hexenbekämpfung bestand darin, einen Holunderbusch an das Haus zu pflanzen. Dieser „Hausbaum“ befindet sich daher auch heute noch in der Nähe vieler alter Häuser. Der Holunder galt als Sitz des guten Hausgeistes, der das Anwesen beschützte. Dieser Baum war außerdem heilig, durch die geistige Anwesenheit von Holda (Frau Holle) unverletzlich, und wer ihn umhaute, starb oder wurde krank. Es war lediglich erlaubt, ihn als lebende Hausapotheke zu benutzen, zum Segen der Familie. Diese Art der Verwendung wurde bereits für die Steinzeit nachgewiesen.

Holder Holunder

Vom Schwarzen Holunder können sowohl die Blüten und Blätter als auch die Rinde und im Spätsommer die Früchte verwendet werden. Die Dolden werden kurz nach dem Aufblühen für den schweißtreibenden und blutreinigenden „Fliedertee" gesammelt und getrocknet. Dieser Tee kann auch zur Stärkung der Abwehrkräfte und als Vorbeugungsmittel gegen Erkältungskrankheiten getrunken werden. Frische Blütendolden ergeben in Pfannkuchenteig ausgebacken die berühmten „Hollerküchle", die – am Johannistag gegessen – als heilige Speise galten und Gesundheit für ein weiteres Jahr brachten. In manchen Gegenden wird auch heute noch ein erfrischendes Getränk aus Holunderblütendolden angesetzt, der Holundersekt.

Die Blätter des Holunders wurden früher auch bei Kopfleiden um den Kopf gebunden. Heute werden sie sowohl frisch wie auch getrocknet – wie die Beeren – als natürliches Färbemittel verwendet. Ja, und letztlich verbleibt noch die Rinde des Holunders. Mit dieser hat es eine besondere Bewandtnis auf sich: Im „Sympathieglauben" der früheren Generationen wurde sie als Abführ- und Brechmittel benutzt.

(Mit Sympathieglauben bezeichnet man die im Volksglauben bestehende Vorstellung einer geheimen gegenseitigen Einwirkung aller Wesen und Dinge aufeinander.)

Von oben nach unten geschält, war die Rinde Abführmittel, und umgekehrt von unten nach oben folgerichtig Brechmittel. So einfach war das. Ich versuche mir aber trotzdem vorzustellen, was wohl geschah, wenn einmal eine Verwechslung vorkam... Heute kennt man die Inhaltsstoffe und bezeichnet diese Wirkungen als Magen-Darmaktivierend bzw. -irritierend!

Eine weitaus angenehmere Verwendung gibt es für die Holunderbeeren. Da wäre zunächst der Holunderbeerensaft, sodann -gelee und -mus zu nennen, die die gleiche Wirkung haben wie die Blüten. Die Kräuterhexe bereitet aus den Beeren jedoch bevorzugt ihren Holunderlikör, der – um die Weihnachtszeit gereift – sehr begehrt ist.

An dieser Stelle möchte ich dem Leser einmal die leicht verhexte Geschichte meines Holunderbaumes erzählen. Dazu muß ich ein wenig ausholen:

Nach mehrmaligem berufsbedingtem Wohnortwechsel bezog ich vor einigen Jahren mein „Hexenhaus" in Sternenfels. Das heißt, zunächst war es ein ganz normaler Umzug in ein neues Haus am Sternenfelser Schloßberg. Daß sich dieses zum Hexenhaus entwickeln würde, konnte

Hollerküchle

Holunderblütendolden im Mai, Holunderbeerendolden im Spätsommer kurz abwaschen und trockentupfen. Aus Mehl, Milch, Eiern und einer Prise Zucker einen Pfannkuchenteig anrühren und ca. 10 Minuten ruhen lassen. Dann die Dolden eintauchen und sofort in heißem Öl schwimmend ausbacken, mit Puderzucker bestreuen und warm servieren.

Holundersekt

Sieben Holunderblütendolden mit sieben Liter Wasser, 1kg Zucker, 30gr Zitronensäure und zwei in Scheiben geschnittenen Zitronen 24 Stunden stehen lassen, umrühren und durchgeseiht in Flaschen füllen. Möglichst Mineralwasserflaschen mit intaktem Verschluß verwenden! Nach 6 Wochen im Keller stehend aufbewahrt ist der „Sekt" trinkfertig.

ich damals noch nicht ahnen. Erst nachdem ich die natürliche Vielfalt von Pflanzen aller Art in meiner unmittelbaren Umgebung entdeckt hatte, kam mir die Idee, an diesem Reichtum auch andere Menschen teilhaben zu lassen. So begannen die ersten Kräuterwanderungen, ergänzt durch die Vorstellung eines eigens von mir angelegten Kräutergartens.

Wie entsteht der Garten einer Kräuterhexe?

Sternenfels ist ein wunderschön gelegener Erholungsort am Rande des Stromberggebietes. Umgeben von Weinbergen und einer intakten Naturlandschaft liegt er dennoch so zentral, daß die näheren Großstädte wie Karlsruhe, Mannheim, Stuttgart und Heilbronn nahezu in gleicher Zeit zu erreichen sind. Aufgrund dieser Konstellation war der Entschluß, endgültig hierher zu ziehen, recht schnell gefaßt, und ich habe diesen bis heute nicht bereut.

Nachdem der Wohnungswechsel und danach die Einrichtung des Hauses einigermaßen bewältigt waren, konnte im darauffolgenden Frühjahr die Umgestaltung des nicht überbauten Grundstücksrestes in einen Garten in Angriff genommen werden. Dazu mußten im wahrsten Sinne des Wortes Berge versetzt werden. Ich habe den Begriff „Schloßberg“ bereits erwähnt, und dabei handelt es sich um einen echten Berg und nicht etwa um Bauschutthügel. Das wäre sicherlich einfacher zu bewerkstelligen gewesen. Der Hang mußte mit sogenannten „Gabionen“ abgestützt werden, das sind riesige, mit Bruchsteinen gefüllte Drahtkörbe. Daß dies optisch nicht gerade schön war, ist leicht nachzuvollziehen, zumal es keinen Platz mehr gab, darüber Böschungen anzuhäufen, sonst wäre der Traum vom Garten aus gewesen. Mein erstes Anliegen in der Sache des zukünftigen Gartens war es also, diese Körbe unsichtbar zu machen. Zunächst mußte eine Schicht Erde aufgetragen werden, in welche dann hängende und rankende Pflanzen eingebracht werden sollten. In der Theorie sicherlich einfach, aber in der Praxis ... Denn nachdem riesige Mengen an Erde in den Spalten zwischen den aufgesetzten Steinen verschwunden waren, hatte ich meine erste Lektion begriffen. Ich mußte mich also mit einer dünnen Schicht begnügen, wenn ich diese Arbeit in absehbarer Zeit zu Ende bringen wollte. Die bunten Polsterstauden verschwanden vor meinem geistigen Auge und wurden durch Efeu, Steinbrech, Hauswurz und Gräserpolster, die allesamt mit kargem Boden auskommen, ersetzt. Diese geistige Flexibilität hat sich bewährt. Die Drahtkörbe verschwanden allmählich unter diesem üppig wuchernden „Grün". Grün ist in diesem Falle nicht unbedingt richtig, denn ein Teil von ihnen blüht ja sogar, zwar unscheinbar, aber deshalb nicht weniger reizvoll. An einigen Stellen war es erstaunlicherweise möglich, Duftkräuter wie Thymian, Ysop und Bergbohnenkraut anzusiedeln. Diese Kräuter belohnen mich nun Jahr für Jahr mit üppiger Duft- und Blütenfülle dafür, daß ich ihnen als „pflanzliche Hungerleider" einen so geeigneten Platz zugewiesen habe.

Die als Hang- oder in diesem Falle eher als Bergbepflanzung bezeichnete Aktion war somit erfolgreich abgeschlossen. Nun ging ich daran, die restlichen ebenen Flächen zu begrünen. Hier folgte die zweite Lektion in der Reihe „Lerne Gärten kennen". Ich machte Erfahrungen mit der Bodenbeschaffenheit; denn bei der Bezeichnung „bunter Mergel" wissen die Geologen unter den Lesern bereits, was mich erwartete. Den geologisch nicht so Bewanderten sei erklärt, daß es sich hierbei um eine sandähnliche Bodenstruktur handelt, die sich mit dem humusreichen Mutterboden nicht gerade gut verbindet. Letzterer verschwindet immer wieder zwischen dem Mergel, bedingt durch dessen feine, fast staubige Struktur als Unterboden. Mit dem Mutterboden verschwindet auch das Wasser, d. h. die notwendige Bodenfeuchtigkeit, wie sie für die meisten Pflanzen zum Überleben notwendig ist, fehlt während des größten Teils des Jahres. Unter diesen Bedingungen gedeihen Reben zwar vorzüglich, aber wieder war der Traum von mustergültig angelegten Staudenrabatten und einem bunten Blumenmeer ausgeträumt; dies allerdings erst nach einigen schmerzlichen Erfahrungen mit verkümmerten und vertrockneten Blütenstauden aus der Gärtnerei. Irgendwann in dieser Zeit begriff ich, daß ich es mit einem Garten ganz besonderer Art zu tun hatte, einem Garten mit eigenem Charakter, den die bunten Hochglanzbilder in Gartenheften und -katalogen sowie anderen einschlägigen Drucksachen unberührt ließen. Wenn ich an dieser Stelle an meine Ostereier im vorigen Kapitel denke, drängt sich mir der Schluß auf, daß es wohl die Individualität im eigentlichen Sinn ist, die mich fasziniert und so mein Leben positiv gestaltet. Es gibt für mich zwischenzeitlich nichts Schlimmeres als Uniformität in „Gedanken, Worten und Werken“. –

Nach dieser tiefgreifenden Erkenntnis ging ich dazu über, mit meinem Garten zu leben, seine Eigenheiten zu akzeptieren und mich seiner Natur auch in meinem Kopf nicht zu widersetzen. Man lernt eben immer noch durch Erfahrung, auf welchem Gebiet dies auch sein mag. Ich habe dieses Umdenken bis heute nicht bereut. Im Gegenteil; es gab und gibt in meinem Leben immer wieder Situationen, in denen sich herausstellte, daß ich meiner Zeit voraus war beziehungsweise bin. Eine kühne Behauptung! Das ist jedoch wohl das Geheimnis einer jeden Hexe, nämlich sensibel zu sein für die Vorgänge und Entwicklungen im Zeitgeist und in der Umwelt. Gerade diese Fähigkeit ist es dann auch, soweit sie von anderen erkannt wird, die Mißgunst erzeugt, über die man sich dann am besten wohlwollend hinwegsetzt.

Dieser soeben beschriebene Sachverhalt hat nun bei weitem nichts mit Wahrsagerei oder ähnlichem zu tun; es ist lediglich ein Gefühl für Entwicklungen und im voraus nicht definierbar.

Wind, Wetter, Vögel – Helfer einer Kräuterhexe

So erging es mir auch mit meinem Garten. Nachdem ich meine neue Philosophie des naturnahen Gartens verinnerlicht und bereits damit begonnen hatte, sie in die Tat umzusetzen, erschienen die ersten Publikationen über Naturgärten, naturnahe Gärten und Wildgärten. Die Umgestaltung bedeutete wieder ein Stück Hexentum. Es äußerte sich darin, daß der Pflanzenbestand bis auf wenige vitale, mit den Bodenverhältnissen zurechtkommende Exemplare reduziert wurde. So wurde Platz für Neuankömmlinge aus der näheren Umgebung meines Wohnortes geschaffen. Mit diesen neuen Pflanzengästen meine ich jedoch nicht irgendwelche Setzlinge oder Ableger aus der Nachbarschaft, sondern Wildpflanzen, deren Samen von Wind und Wetter oder aber auch von Vögeln in meinen Garten transportiert wurden. Es ist erstaunlich, was sich da nach einiger Zeit so alles einfindet, wie beispielsweise Hirtentäschel, Schafgarbe, Wegericharten, Brennessel, Schöllkraut, Pimpinelle, Löwenzahn, Klatschmohn, Kressearten, Johanniskraut, Huflattich, Melde, Ehrenpreis, Ampferarten, Brunellen, Malven, kriechender Günsel, Gänseblümchen und viele andere mehr. In Bilderbuchgärten haben ja manche der hier aufgezählten Pflanzen nichts verloren, werden als Unkraut bezeichnet und akribisch entfernt. Die Samen dieser Kräuter keimen jedoch nur an jenen Stellen, die für einen optimalen Vegetationsverlauf ausgerüstet sind. So konnte ich davon ausgehen, daß ich nur noch „ordnend" in meinem Garten eingreifen mußte und mir die bittere Erfahrung mit anderen Pflanzen erspart blieb. Ich möchte an dieser Stelle nicht versäumen, auf die Vorteile dieser Wildkräuter am Haus hinzuweisen: Zum einen erleichtert das eine zeitgerechte Ernte und weitere Verarbeitung in der Küche und zum anderen die Verwendung einiger Exemplare in der Pflanzenpresse, um Material für meine Kräutercollagen zu sammeln. Der richtige Erntezeitpunkt ist besonders für zu pressende Pflanzen wichtig; denn nur dann werden gute Ergebnisse in Farbe und Haltbarkeit erzielt.

Nach längerer Beobachtung der Bodenbeschaffenheit und der Art der Pflanzen, die sich von selbst angesiedelt hatten, konnte ich es mir allerdings nicht verkneifen, noch ein paar „Halb-Wilde" dazu zu mogeln. Dazu gehören zum Beispiel Polsterstauden mit einer Vorliebe für magere Böden wie Katzenminze, Fetthennen, Quendel und Oregano, den es in unseren Breiten auch wildwachsend gibt, außerdem Bergclematis, Geißblatt und Hopfen. Was jetzt noch fehlte, waren Baum und Strauch; denn nur so war es möglich, auch Vögel in die Nähe des Hauses zu locken, damit sie sich über Blattläuse, Spinnen und Raupen hermachen konnten. Es war mir parallel dazu wichtig, auch den angeschlagenen Kreislauf der Natur einigermaßen wiederherzustellen.

Ein Weiteres stand ebenfalls von vornherein fest: Zur Anpflanzung sollten nur einheimische Bäume und Sträucher verwendet werden. Alles andere wäre als Fremdkörper unangenehm aufgefallen. Die erfahrenen Gartenbauer unter den Lesern werden nun vielleicht verständnislos den Kopf schütteln und mit Recht bemerken, daß dies wohl der verkehrte Weg sei bei der klassischen Anlage eines Gartens. Normalerweise werden ja Gehölze als erstes gepflanzt, eine Vorgehensweise, die auch mir bekannt ist. Es handelt sich hier aber bekanntlich um einen Kräuterhexengarten, und da laufen manche Dinge eben etwas anders ab.

Hier beginnt nun die eigentliche Geschichte meines Holunders. Ein solches Gewächs wollte ich auf alle Fälle in meinem Garten haben. Ein absolutes Muß angesichts der historischen Bedeutung, über die ich bereits berichtet habe. Einen guten Hausgeist kann man auch heute noch gebrauchen, vielleicht mehr denn je. Ein weiterer Vorteil des Holunders ist seine Vielseitigkeit. Er kann so geschnitten werden, wie es die Platzverhältnisse erlauben.

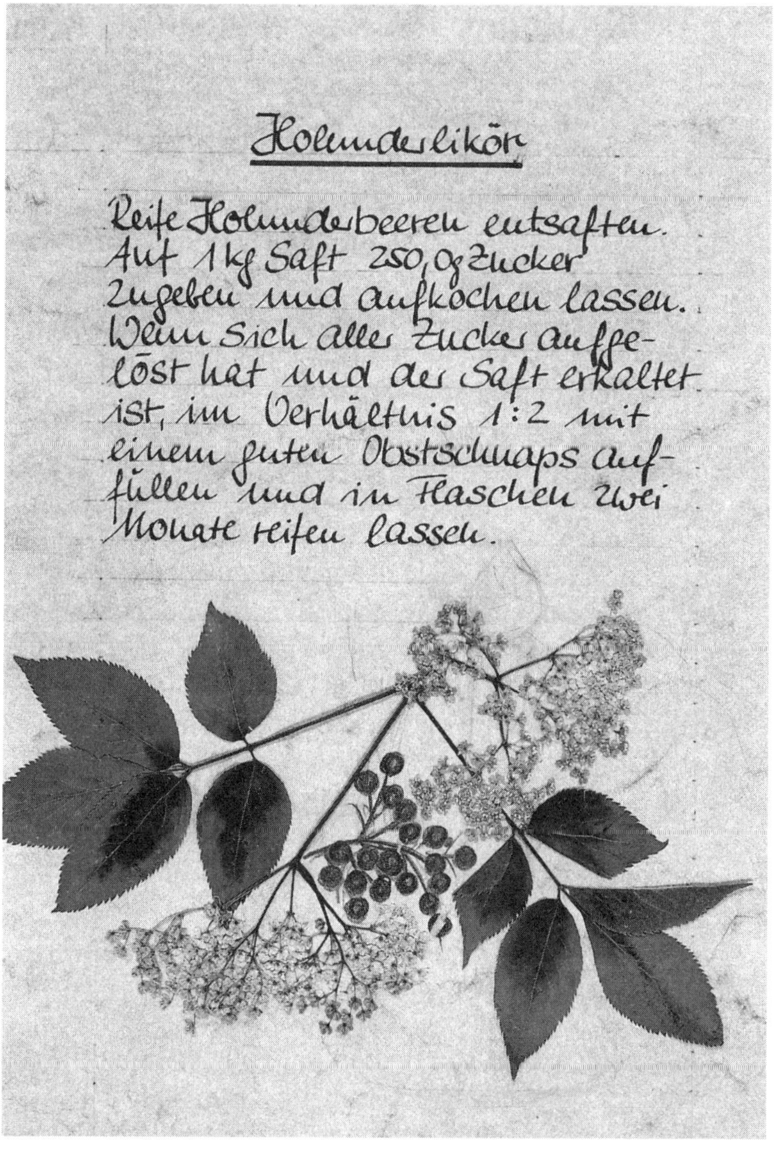

Holunderlikör

Reife Holunderbeeren entsaften. Auf 1 kg Saft 250,0 g Zucker zugeben und aufkochen lassen. Wenn sich aller Zucker aufgelöst hat und der Saft erkaltet ist, im Verhältnis 1:2 mit einem guten Obstschnaps auffüllen und in Flaschen zwei Monate reifen lassen.

Weiße Magie

So ging ich dann eines Tages durch meinen Garten und hielt nach einem passenden Platz für eine Holunderpflanzung Ausschau. Dieser war schnell gefunden. Er hatte nur einen Nachteil, der Boden an dieser Stelle war durch den Gabionenbau völlig verdichtet und nur mit großer Mühe zu bearbeiten. Ich hatte mir zwar vorgenommen, es dennoch zu versuchen, aber angesichts der Bodenverhältnisse und der gerade ungünstigen Pflanzzeit schob ich das Problem erst einmal beiseite und suchte nach weiteren möglichen Standorten für meine Gehölze. Eberesche, Wildrosen, Schlehen und – aus nostalgischen Gründen – eine Stechpalme waren meine weiteren Favoriten.

Zwischendurch muß ich erzählen, welche Bewandtnis es mit der Stechpalme auf sich hat:

Zum einen gehört die Stechpalme wie der Buchsbaum, den ich ebenfalls sehr schätze, zu den immergrünen Pflanzen, zum zweiten sind beides Wildpflanzen aus meiner badischen Heimat, der ich mich sehr verbunden fühle. Wenn der Leser einmal eine Fahrt durch den westlichen Teil des Schwarzwaldes, also entlang des Rheins, unternimmt, wird er beispielsweise in der Umgebung von Baden-Baden Prachtexemplare von Stechpalmen einträchtig neben Nordmannstannen, Eßkastanienbäumen und Fichten stehen sehen. Führt der Weg weiter in Richtung Schweizer Grenze, also durch den Südschwarzwald, kann es durchaus vorkommen, daß der Wanderer oder Spaziergänger unvermittelt in einen Wald von Buchsbäumen kommt. Zweige von beiden Strauch- bzw. Baumarten gehören einfach zum Oster- und Weihnachtsschmuck in meinem Haus.

Nachdem ich nun meine Wunschplätze für den einen oder anderen Strauch ausfindig gemacht hatte, jedoch aufgrund der Jahreszeit nicht pflanzen konnte, stellte sich ein weitere Frage: Woher bekomme ich meine Einheimischen? Mit Gehölzen kann man in Baumschulen noch Glück haben, aber wer handelt schon mit Wildrosen? Wenn ich heute darüber nachdenke, erlebte ich damals – wenn auch unbewußt – zum ersten Mal die Wirkung von Magie oder positiver Energie. Der Leser mag sich erinnern, am Anfang des Buches habe ich den Begriff der „weißen Magie" bereits erwähnt, und nachdem ich mich selbst als gute Hexe bezeichne, möchte ich ein wenig von den Geheimnissen einer Kräuterhexe preisgeben.

Zunächst einige grundsätzliche Ausführungen: Der Mensch besitzt eine persönliche Energie, die Energie seines Körpers. Eine andere Energieart, die sogenannte Erdenergie, findet man in unserem Planeten; eine weitere Form in Pflanzen, Steinen, im Wasser, Feuer, in der Atmosphäre und in den Tieren. Ohne Energie würde nichts existieren, und die Auswirkungen dieser Energien bekommen wir immer wieder zu spüren, sei es in der Fortpflanzung, im Wachstum oder in negativer Weise in Form von Katastrophen. In der Religion spricht man von einer göttlichen Energie, die zwar nicht greifbar oder zu beweisen ist, sondern sich nur im Glauben daran und in der religiösen Erfahrung zeigt. Magier sind fähig, durch die Bewegung dieser natürlichen Energien Veränderungen zu bewirken, die wir oft sehr bestaunen. Diese Tatsache hat weder mit Zauberei noch mit Hexerei etwas zu tun. Die magischen Vorgänge beruhen lediglich darauf, daß eine Visualisierung stattfindet, eine Fähigkeit, geistige Bilder zu schaffen und damit die latent schlummernden Energien zu aktivieren.

Diese Fähigkeit – bei Naturvölkern noch weit verbreitet – ist in unserer Gesellschaft zum größten Teil verkümmert und wird daher als schlecht, gefährlich und völlig illusorisch angesehen. Magie und Religion haben keine beweisbare Grundlage und kommen daher für viele sogenannte moderne Menschen nicht in Betracht. Für solche Mitmenschen, die ich zutiefst bedauere, habe ich zwei Bibelsprüche parat: „Selig, die nicht sehen und doch glauben“ und „Der Glaube versetzt Berge.“

Der Verlauf meines bisherigen Lebens hat mich anderer Dinge belehrt, so daß ich mir jetzt meiner persönlichen Energie und der meiner Umwelt sehr bewußt und sicher bin und daher auch in der Lage, Veränderungen zu bewirken. Spektakuläre Aktionen, wie sie auf der Bühne eines Theaters vorgeführt werden, sind damit allerdings nicht gemeint. Es sind eher die leisen, zurückhaltenden weniger vordergründigen Veränderungen, die aber dennoch stattfinden und aus dem Bereich der Magie zu erklären sind – wie im Falle meines Holunderbaumes.

Ich habe dem Leser bereits von meinem Wunschstandort für diesen Baum berichtet. Ebenso von den Schwierigkeiten, dort überhaupt ein Gewächs ansiedeln zu können. Im darauffolgenden Frühjahr sah ich mir die Stelle nochmals genau an; es war jetzt Pflanzzeit. Was habe ich wohl vorgefunden? Man wird es wahrscheinlich nicht glauben, aber es entspricht der Realität: Da stand ein nahezu zwanzig Zentimeter hoher Sämling eines Holunderstrauches! Bei diesem Anblick bin ich zunächst einmal vor mir selbst erschrocken. Aber das war erst der Anfang, denn einige Schritte weiter hatte sich in derselben Größe eine Eberesche angesiedelt. Neben einer von mir im letzten Jahr gepflanzten alten englischen Duftrose war außerdem der kräftige Austrieb einer einheimischen wilden Heckenrose zu sehen. Auf die gleiche Art und Weise, nämlich mit Hilfe der Visualisierung und der Aktivierung der Erdenergie habe ich mir zusätzlich im Laufe der nächsten Monate noch eine seltene Bibernellrose und eine Birke „gezaubert“.

Bei der Anlage meines Kräutergartens, von dem ich jetzt berichten möchte, geschah dasselbe oder in ähnlicher Weise wie bei der Bepflanzung meines Hausgartens. Als echte Kräuterhexe wollte ich meinem Exkursionspublikum nicht nur die Kräuter in Feld, Wald und Wiese näherbringen, sondern auch den Anbau und die Verwendung von Küchen- und Heilkräutern im und aus dem eigenen Garten. Aus diesem Grunde habe ich einen Schaugarten in Sachen Kräuter angelegt. Zuerst begann ich mit Küchenkräutern wie beispielsweise Schnittlauch, Petersilie, Estragon, Ysop, Kerbel, Liebstöckel, Minzen, Topinambur, Dill, Borretsch und vielen anderen mehr sowie mit einem Sortiment an Heilkräutern. Dies waren zum Beispiel Salbei, Rosmarin, Thymian, Wermut, Beinwell, Rainfarn, Zitronenmelisse und Monarde. Nachdem diese Arbeit bewerkstelligt war und das Wachsen allmählich begann, fanden sich auf dieselbe wunderbare Art und Weise Beifuß, Johanniskraut, Wegerich, Kamillen, Dost, Knoblauchrauke und Huflattich ein. Der Beifuß als der mildere Bruder des Wermuts setzte sich sogar neben diesen, so daß ich bei der Besprechung im Verlaufe der Exkursionen die Verwandtschaft und die Unterschiede der beiden Brüder sehr anschaulich vorführen kann.

Wenn den Leser nach diesen Ausführungen noch oder gar mehr leise Zweifel beschleichen, ob es hier mit rechten Dingen zugeht, darf er mich gerne besuchen und sich selbst davon überzeugen und ein Bild machen, wie es in meinen beiden Gärten aussieht. Die beschriebenen Gehölze sind inzwischen zu größeren Exemplaren herangewachsen, ebenso die Stechpalme und Buchsbaumbüsche. Die beiden letzten habe ich aber selbst eingepflanzt, um bei der Wahrheit zu bleiben.

Beifuß und Johanniskraut gehören wie der Holunder zu den historischen Zauberkräutern. Darauf und auf ihre Heilwirkung möchte ich im folgenden etwas näher eingehen.

St. Johanniskraut, Sonnwendkraut, Johanni- oder Besenkraut, wilder Wermut, Beinwuchskraut und Himmelskehrkraut – viele Namen für ein und dieselbe Pflanze! Man verwechsle jedoch dieses Johannikraut nicht mit „Johanniskraut" (lat. Hypericum perforatum). Die gebräuchlichste Bezeichnung ist jedoch für das ersterwähnte nach wie vor „Beifuß". An der Vielzahl der Namen wird bereits deutlich, daß es sich bei dieser Art um ein besonderes und auch weitverbreitetes Kraut handelt. Man bedenke, daß bereits die alten Römer sich mit Beifuß auf ihren Eroberungsmärschen vor Übermüdung der Füße schützen wollten, ein Aberglaube übrigens, der sich über lange Zeit hielt. Diese Anwendung jedoch macht die Herkunft des Namens deutlich. Eine wesentlich größere Bedeutung hat der Beifuß im alten Volksglauben als Sonnwendkraut. An Johanni (24. Juni) wurde aus dieser Pflanze ein Gürtel geflochten. Diesen trug man beim Überspringen des Johannisfeuers und warf ihn anschließend in die Glut. Die verzehrende Kraft der Flamme nahm in diesem Augenblick des Verbrennens Krankheit, Unheil und den Einfluß böser Mächte für ein Jahr von demjenigen, der diesen Gürtel trug. So einfach war das in früheren Zeiten!

Eine weitere Verwendung als Zauberkraut war das Anbringen von kopfüberhängenden Zweigen des Beifußes am höchsten Punkt des Hauses. Dieses Haus war somit vor Blitzeinschlag geschützt, aber nur, wenn das Kraut mit Stacheldraht aufgehängt war.

Heute hat der Beifuß seine Zauberkraft für die meisten Menschen unter uns verloren und ist lediglich noch als Gewürz für fette Speisen bekannt. Durch seine Inhaltsstoffe als sogenanntes Bitterkraut ist er nämlich heute immer noch in der Lage, die bösen Geister einer Magen- oder Gallenverstimmung nach allzu üppigem Mahl zu vertreiben. Zu den so wirkenden Bitterkräutern gehören auch Wermut als Verwandter und Weinraute. Beide sind wichtige Bestandteile meines Kräuterhexentrankes.

Bei der Verwendung von Beifuß sollte man wissen, daß seine wohltuende Wirkung als Gewürz nur im getrocknetem Zustand zur Geltung kommt. Man beachte ebenso die richtige Erntezeit im Sommer, nachdem sich die Blütenrispen bereits gebildet, aber noch nicht geöffnet haben.

Das andere Johanniskraut (Hypericum perforatum), ebenfalls eines unserer wichtigsten Sommerkräuter, muß, was die Bedeutung als Zauberkraut angeht, mit Beifuß in einem Atemzug genannt werden. Hexenkraut, Teufelsbanner, Teufelsflucht, Christi Kreuzblut als Namen lassen die Wichtigkeit dieser Pflanze erkennen. Das Johanniskraut wurde im Unterschied zu anderen Pflanzen immer nur in einer Verwendungsart eingesetzt, nämlich zur Bekämpfung dunkler Mächte. Andere Kräuter wurden auch für das Gegenteil verwendet, also zum Zwecke des Schadenzaubers. Das Beiwort des lateinischen Namens Hypericum perforatum bedeutet „durchlöchert" und bezieht sich auf die Blätter des Krautes. Diese perforierten Blätter sind auch das eindeutige Indiz dafür, daß es sich um das „heilige" Johanniskraut handelt. Nach altem Aberglauben hat nämlich der Teufel persönlich diese Löcher produziert aus Wut darüber, daß dieses Kraut zu seiner Vertreibung eingesetzt wurde. Botanisch sind heute diese Löcher als Öldrüsen erklärt, die bei der Bestimmung und Unterscheidung von anderen Johanniskrautarten sehr hilfreich sind. Das echte Johanniskraut soll seine große Heilkraft um Johanni, also eben um diesen 24. Juni, haben.

Als Kräuterhexe kenne ich aus eigener und guter Erfahrung verschiedene Zubereitungen des Johanniskrautes, die ich gerne an den Leser weitergeben möchte. Zunächst ergibt die Pflanze als solche getrocknet einen sehr guten Tee zur Beruhigung der Nerven, der auch bei Depressionen hilft. Da das getrocknete Kraut einen etwas eigentümlichen Geschmack hat, habe ich eine eigene Teemischung entwickelt, die einerseits durch Zugabe weiterer Kräuter die beruhigende Wirkung verstärkt, andererseits läßt sich dadurch der Geschmack ebenfalls verbessern. Mein Abendtee erfreut sich inzwischen großer Beliebtheit.

Eine weitere Anwendung des Johanniskrautes kennt man als den berühmten tiefroten Ölauszug. Dieses Johanniskrautöl steht in meinem Haus in der Küche immer in Reichweite des Herdes. Den Grund hierfür errät der Leser leicht, denn dieses Mittel ist aus Erfahrung gut gegen Verbrennungen aller Art. Im Falle einer solchen Verletzung bilden sich beim Auftragen dieses Öls keine Blasen, und nach wenigen Minuten tritt Schmerzfreiheit ein. Diese Wirkung begründet auch die Anwendung bei Sonnenbrand, als Massageöl bei Nervenleiden und Rheuma und zur Förderung der Heilung bei allen Schürfwunden.

Johanniskrauttinktur, -dragees und -schnaps sind ebenfalls empfehlenswerte Zubereitungen, um sein psychisches Gleichgewicht wiederzufinden. Die Tinktur als Tropfen kann sogar Kindern verabreicht werden und dies ganz nebenwirkungsfrei. Ich finde, das ist gerade in der heutigen Zeit mit ihren vielen „Zappelphilippen" in den Schulbänken ein wichtiges Argument. Für die Eltern wäre dann die Zubereitung als Bauchweh-Schnaps ratsam. Obstler oder Korn werden mit Johanniskraut angesetzt und zirka zwei Wochen in der Sonne stehengelassen, danach

Johanniskrautöl (Heilöl)

30-50 gr. Johanniskrautblüten im Mörser anstoßen und in ein helles Weithalsglas (1 l Inhalt) füllen. Mit einem halben liter bestem Pflanzenöl übergießen und vier Wochen in der Sonne stehen lassen. Abseihen und das bereits tiefrot gefärbte Öl nochmals mit der gleichen Menge Beüten vier Wochen lang ansetzen. Dann nochmals abseihen und in dunkle Flaschen abfüllen. Im Schrank bei Zimmertemperatur lagern.

Verwendung: bei Verbrennungen, Abschürfungen und Wunden und als Massageöl bei Neuralgien.

Innerlich als leichtes Antidepressivum einnehmen.

abfiltriert. Die Flüssigkeit hat dann – ähnlich wie das Öl – eine rötliche Farbe, wenn auch weniger intensiv. Als Kräuterhexe habe ich die Erfahrung gemacht, daß sich der Geschmack dieses Getränkes durch Zugabe von Salbeiblättern und Minze verbessern läßt.

Stichwort Salbei: eines der wichtigsten Heilkräuter überhaupt, das ich dem Leser nun etwas genauer vorstellen möchte.

Man kennt vielleicht den wild wachsenden Wiesensalbei unserer Breiten. Mit seinen tiefblauen Blüten schmückt er zusammen mit Margeriten, Hahnenfuß und Skabiosen bereits im Mai unsere Wiesen. Nicht so der heilkräftige Verwandte aus dem Mittelmeerraum. Seine Blüten, deren Farbton ich eher als ein pastellfarbenes Bläulich-Violett bezeichnen würde, erscheinen von Juni bis August. Diese würzig duftenden Blüten sind auch die Grundlage meines Salbeiweines nach Art der Kräuterhexe. Der allgemein kräftigend wirkende Wein ist mein Hausrezept für heiße Sommertage. Gekühlter Salbeiwein mit Mineralwasser aufgegossen ist sehr erfrischend und zugleich leicht schweißhemmend. Verstärkt tritt diese Wirkung beim Genuß von Salbeitee auf. Auch das Kauen eines Salbeiblattes – der Geschmack ist gar nicht so schrecklich – erfrischt und vermindert die Transpiration. „Warum soll ein Mensch sterben, dem Salbei im Garten wächst?“ Diesem Spruch aus der Zeit um das Jahr 1300 kann ich mich zwar nicht konsequent anschließen, denn gegen den Tod ist kein Kräutlein gewachsen, aber es gibt dennoch einige wichtige Anwendungen für Salbei, die vielleicht das Leben etwas verlängern.

Die schweißhemmende Wirkung des Salbeis habe ich bereits erwähnt. Desweiteren ist er eine wirksame Pflanze gegen Leiden im Hals-Rachen-Raum wie beispielsweise Halsentzündungen, beginnende Verschleimungen und Zahnfleischbluten. Die hoch dosierte Thymian-Salbei-Tinktur wird bei Angina zum Gurgeln verschrieben. Die antiseptischen Eigenschaften dieser beiden Kräuter rechtfertigen eine solche Therapie. Wenn der Leser im Sommer einmal von solchen Krankheiten heimgesucht werden sollte, möge er einen Kräuterhexentee aus frischen Salbei- und Thymianblättern unter Hinzugabe eines Zitronenschnitzes brauen. Von dem frischen und aromatischen Geschmack dieses natürlich mit Honig gesüßten Frischkräutertees wird er positiv überrascht sein. Hustentee kann auch gut schmecken!

Bei meinen Kräuterwanderungen empfehle ich immer wieder, möglichst lange Frischkräuter für Tees zu verwenden. Ich werde dann oft mit großen Augen angesehen, da offensichtlich immer noch die Meinung vorherrscht, ein Tee könne nur aus getrockneten Pflanzenteilen hergestellt werden. Diese Auffassung kommt sicherlich daher, daß sich die meisten Menschen eben ein Teeregal im Supermarkt, in der Apotheke oder neuerdings auch in sogenannten „Teeläden“ vorstellen, in welchem die verschiedenen Teesorten getrocknet und offen oder aber bereits normgerecht verpackt angeboten werden. Noch eindrucksvoller im umgekehrten Sinn wirken Teebeutel. Andererseits ist es natürlich sinnvoll, getrocknete Qualität anzubieten, da nur sie lagerfähig ist. Außerdem ist Schwarztee zum Beispiel nur durch verschiedene Trocknungs- und Fermentierungsprozesse in der Qualität herzustellen, in der wir ihn in unseren Breiten kennen. Abgepackte Teebeutel sind auch wesentlich einfacher in der Handhabung, entfällt doch damit das lästige Dosieren und Abseihen. Es entsteht andererseits natürlich für mich und andere naturverbundene Genießer die Frage, wo bei einem solchen Verfahren der Genuß, die Sinnlichkeit und die Entspannung bleibt; Eigenschaften, die durchaus mit einer Teezeremonie verbunden sind. Ich habe bereits in einem vorangegangenen Kapitel von der Magie gesprochen, die begründet ist in der Visualisierung von Gedankenbildern. Auf eine solche Art und Weise zubereitet, kann auch ein einfacher Hustentee „magisch“, das heißt verstärkt in seiner Wirkung helfen.

Der Leser mag einmal den Versuch wagen, einen Kräutertee aus Frischkräutern zuzubereiten. Er wird überrascht sein, wie spezifisch aromatisch ein solches Gebräu schmeckt. Es ist fraglich, ob er sich dann noch von den in Mode gekommenen aromatisierten Tees beeindrucken läßt. Der Winter oder – pardon – die vegetationsarme Zeit, wie man heute sagen muß, ist wieder lange genug, um auf getrocknete Kräuter zurückgreifen zu müssen.

Aber auch auf dem Gebiet der Trockenkräuter ist es möglich, wohlschmeckende Tees ohne künstliche Aromen zu mischen. Es ist übrigens eine meiner wichtigsten Tätigkeiten als Kräuterhexe, solche Genüsse ohne Fremdstoffe oder gar Chemie zu kreieren.

Frischkräutertee

Ein Frischkräutertee kann den ganzen Sommer über frisch aus dem Garten oder von der Wiese geerntet werden. Der Winter ist wieder lange genug um auf Trockenkräuter angewiesen zu sein. Der Geschmack eines Frischkräutertees ist unvergleichlich aromatischer und feiner.

Eine mögliche Mischung für einen sommerlichen Kräutertee:

Einige Blätter Indianernessel (Monarde), Zitronenmelisse, Schafgarbenblüten, Pfefferminze und Thymian. Diese Mischung wird abgerundet mit den Blütenblättern von zwei Duftrosenblüten und ein bis zwei Blätter von Duftgeranien. Mit Orangen- oder Zitronenscheiben zusammen kurz aufbrühen und kalt oder warm genießen.

Der Duft des Sommers

Apropos Mode; in den beiden vergangenen Jahren ist eine weitere Spezialität in Mode gekommen: die Duftpotpourris. Eigentlich müßte eher man sagen, daß diese Mischungen aus duftenden Pflanzenteilen wiederentdeckt wurden. Es gab sie bereits vor dem Zeitalter der Raumsprays, der künstlichen Toilettenbelüftung und der chemischen Mottenschutzprodukte. Früher löste man solche „Probleme" rein pflanzlich in Form von Mottensäckchen aus Lavendel und Heiligenkraut sowie Kräutersträußen aus aromatisch duftenden Pflanzen wie Rainfarn, Holunder, Schafgarben und – nicht zu vergessen – Salbei sowie vielen anderen mehr. Diese wurden in den Stuben aufgehängt, um sowohl ein angenehmes Raumaroma zu schaffen als auch die in den Sommermonaten lästigen Mücken und Fliegen zu vertreiben. Dies war die praktische Seite der Anwendung, aber sowohl in früheren wie auch in heutigen Zeiten gab und gibt es Potpourris, die alleine dazu dienen, dem Zauber der Düfte zu verfallen. Um dieses zu erreichen, werden in der Hauptsache aromatische Blüten wie die der alten Duftrosensorten, des Lavendels, der Pfingstrosen, des Hibiskus, von Kamillen, Nelken und anderen getrocknet und vermengt. Dieser Mischung werden je nach Geschmack weitere aromatische Kräuter und –

das ist sehr interessant – auch Gewürze beigegeben. Hinzu kommen einige Tropfen verschiedener ätherischer Öle. Darüber hinaus gehören Minzen, Orangen- und Zitronenschalen, Zitronenstrauch- und Eukalyptusblätter, aber auch Gerwürznelken, Anis, Sternanis und Zimt sowie – und das vor allem – die ätherischen Öle des Lavendels, Sandelholzes, der Rosenblätter, Zitrone, Duftgeranie und Mandarine dazu. Rosenöl ist, und das sollte jeder Interessierte wissen, durch die aufwendige Herstellung sehr teuer.

In einem gut schließenden Gefäß verwahrt, kann man auf die oben beschriebene Weise Sommerstimmung in trübe Tage zaubern. Auch die Heilkraft der Düfte ist inzwischen nachgewiesen – man hat ja lange Zeit dem Orient nicht viel Wahrheit in unserem abendländischen Sinne beigemessen. Diese Heilkraft ist Kern der sogenannten Aromatherapie, einer Therapieform, die die Wirkung von Düften auf das Gehirn und daher die Sensibilisierung des Geruchssinns mit Hilfe von ätherischen Ölen zu Heilzwecken favorisiert. Negativen Einflüssen auf den Geruchssinn, wie beispielsweise die Umweltbelastungen durch Straßenverkehr und die Ausbringung bestimmter Dünge- und Spritzmittel oder, daß wir zu oft und zu eng von Menschen umgeben sind, die wir einfach nicht „riechen“ können, und das im wahrsten Sinne des Wortes, soll dadurch begegnet werden. Kurz, für alle die-

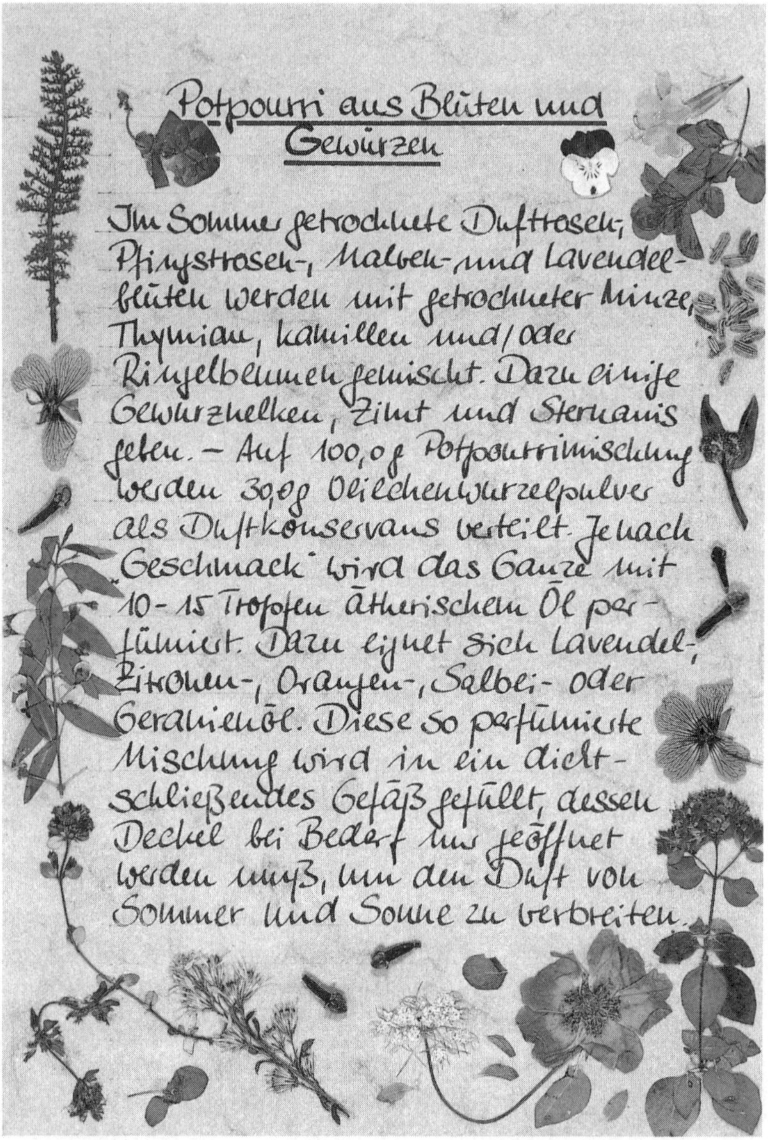

Potpourri aus Blüten und Gewürzen

Im Sommer getrocknete Duftrosen-, Pfingstrosen-, Malven- und Lavendelblüten werden mit getrockneter Minze, Thymian, Kamillen und/oder Ringelblumen gemischt. Dazu einige Gewürznelken, Zimt und Sternanis geben. – Auf 100,0 g Potpourrimischung werden 30,0 g Veilchenwurzelpulver als Duftkonservans verteilt. Je nach „Geschmack" wird das Ganze mit 10–15 Tropfen ätherischem Öl perfümiert. Dazu eignet sich Lavendel-, Zitronen-, Orangen-, Salbei- oder Geranienöl. Diese so perfümierte Mischung wird in ein dichtschließendes Gefäß gefüllt, dessen Deckel bei Bedarf nur geöffnet werden muß, um den Duft von Sommer und Sonne zu verbreiten.

jenigen Menschen, die die Nase gestrichen voll haben, ist diese Form der Problembewältigung bestimmt zu empfehlen.

Eine ganz neue Erfahrung ist es, wenn man versucht, Gerüche wieder bewußt wahrzunehmen – und das sei hier empfohlen: Entdecken Sie, lieber Leser, mit dem leistungsfähigsten aller Sinne die Welt der Düfte neu – rein pflanzlich in einem vielleicht selbst zusammengestellten oder auch käuflich erworbenen Duftpotpourri. Man gewinnt neue Relationen, Bezüge zu Natur und Umwelt, die lange Zeit verdrängt wurden durch Oberflächlichkeit im Fahrwasser des wirtschaftlichen Aufschwungs und der Präferenzen der Wegwerfgesellschaft. Duft ist ein Geschenk der Natur, den Gestank aber haben wir selbst zu verantworten.

Kehren wir zurück zum hauseigenen Salbeistrauch, dessen Duft wie der des Lavendels ein wichtiger Grundstoff für die Parfümherstellung ist!

In einem Sommerblumenstrauß von der Kräuterhexe wird man immer auch Duftkräuter passend zu den Gerichten der Jahreszeit finden. Und dazu gehört auch der Salbei. Wer bei ihm nur an Halsschmerzen denkt, bringt sich um den Genuß hervorragender Speisen und Begleitgeschmäcke. Einige seien hier genannt: fritierte Salbeiblätter, Salbeispießchen, das italienische Saltimbocca, Fisch und Kräuterbutter mit Salbei gewürzt ... Da die Würzkraft des Salbeis – in frischer wie in getrocknetem Form – sehr intensiv ist, genügt bereits ein Blatt oder eine Prise, um das gewisse Etwas zu erreichen.

Rosmarin, Oregano und Basilikum sind ebenso wie Salbei sehr aromatische Gewürzkräuter, deren Heimat in den Mittelmeerländern liegt. Zunächst möchte ich dem Leser den Rosmarin etwas näher vorstellen. Eine bemerkenswerte Pflanze, so meine ich; denn bei diesem immergrünen Strauch haben wir es wieder mit einem sehr geschichtsträchtigen Gewächs zu tun. Rosmarin war im Volksbrauchtum ein Symbol für Liebe, Treue und Fruchtbarkeit; als Totenpflanze ein Sinnbild für Unsterblichkeit. Seine Verwendung war daher immer bei Geburten, Hochzeiten und Beerdigungen angesagt. Der Myrtenkranz einer Braut – heute leider nicht mehr „in" – hat den ursprünglichen Brautkranz aus Rosmarin abgelöst. Liebe und Treue für ein ganzes Leben sollten die kranzförmig gewundenen Zweige bedeuten. Wenn ich mir heute dagegen die Kreationen in Sachen Brautschmuck anschaue – vielleicht mit wenigen Ausnahmen –, so ist dieser durchweg künstlich gestaltet, und mir wird als „altmodischer" Kräuterhexe dabei oftmals weh ums Herz. Ich stelle mir dann vor, wie diese Brautkränze in früherer Zeit wunderbar geduftet haben, wie lebendig das frische Grün im Gegensatz zu den heutigen Textilprodukten wirkte. So drängt sich mir auch der Gedanke auf, daß wir uns in unseren Tagen wohl auch innerlich von der Bedeutung dieses Brautschmucks entfernt haben.

Als Gewürzkraut ist der Rosmarin jedoch immer noch in Gebrauch und wird in dieser Eigenschaft gerne allen südländischen Gerichten beigefügt. Geflügel, Hammel bzw. Lamm und Schweinebraten vertragen zur besseren Bekömmlichkeit neben anderen Würzkräutern eine gute Prise Rosmarin. In unseren Breiten sollte er als Topfpflanze gehalten werden, da er nur bedingt winterhart ist. Meinen Traum vom zwei Meter hohen Rosmarinstrauch, wie er im Mittelmeergebiet wild anzutreffen ist, kann ich mir hier leider nicht erfüllen, jedoch als wunderschön hellblau blühende Kübelpflanze nimmt der Rosmarin bei mir einen Ehrenplatz ein.

Mit einer Mischung aus Lavendel, Salbei und eben Rosmarin als sogenanntes „per fumum" beginne ich oft meine Kräuterseminare. In diesem Fall werden die drei Kräuter als Räuchermittel benutzt, um den umgebenden Raum und den „Geist" der Zuhörer zu beräuchern und damit aufnahmefähiger zu machen; eine uralte Zeremonie, die bei Naturvölkern heute noch praktiziert wird, bei uns aber weitestgehend in Vergessenheit geraten ist. Ich verbrenne die Kräutermischung bis zur rauchenden Asche in einem alten Schmelztiegel. Auf diese Art und Weise werden die sehr aromatischen Duftstoffe freigesetzt und somit auch mein Ruf als Kräuterhexe etwas untermauert.

Eine weniger verhexte Anwendung ist die als Grill-Aromat: Zweige des Rosmarins und des Salbeis werden auf die Kohlenglut gelegt und geben so dem Grillgut eine spezifische Würze.

In früheren Zeiten wurden mit Rosmarin auch Krankenzimmer beräuchert, um die Luft zu reinigen; ebenso legte man Zweige und Blüten zwischen Kleidung und Bücher, um diese vor Ungeziefer zu schützen.

Ich habe bereits die Wirkung des Rosmarins auf das Gehirn bzw. die Sinne kurz gestreift und möchte dazu noch ein Beispiel erwähnen. Die Studenten im antiken Griechenland trugen aus diesem Grund Rosmarinkränze während ihres Examens. Sie erhofften sich so Stärkung für Gehirn und Gedächtnis. Vielleicht sollte dieses der eine oder andere unserer Zeitgenossen auch einmal versuchen?

Auch von der Heilwirkung dieses wunderbaren Gewächses habe ich bereits im Kapitel über Knoblauch berichtet. Dieser anregenden und stärkenden Wirkung auf Kreislauf, Herz und Nerven wird mit den Anwendungen wie Tee, Wein, Spiritus und Bädern Rechnung getragen.

In der Reihe der Gewürzkräuter, deren Erntezeit hauptsächlich in die Sommermonate fällt, möchte ich als nächstes Oregano als Wildkraut und Basilikum, Bohnenkraut sowie Liebstöckel als Anbaukräuter vorstellen.

Rosmarinhähnchen

Ein Brathähnchen an der Brust aufschneiden, wenden und flach ausbreiten. Aus Öl, Salz, Pfeffer, einer großen Prise Rosmarinnadeln, den Blättern von einem Zweig Ysop, einer kleingehackten Triebspitze Lavendel und zwei zerdrückten Knoblauchzehen eine Marinade herstellen. Mit diesem Würzöl das Geflügel rundum einpinseln. Einen Ziegelstein in Folie einpacken und auf den Rücken des Hähnchens legen. Anschließend einige Stunden (eventuell über Nacht) marinieren. Das auf diese Art flachgedrückte Hähnchen ohne weitere Fettzugabe auf beiden Seiten 15-20 Minuten grillen.

Ein Hauch von Mittelmeer und das Kräutlein des Glücks

Oregano, den meisten Menschen der westlichen Welt bekannt als typisches Gewürz für Pizza, Tomatensalat und -soße sowie für Nudelgerichte, wächst hier in meiner nächsten Umgebung in den Weinbergen wild. Man nennt diese Pflanze auch Dost oder wilden Majoran. Frisch geerntet erinnert der Geruch und Geschmack eher an eine Minzenart. Das spezifische Oregano-Aroma bildet sich erst in getrocknetem Zustand. Die Staude selbst ist ein ausdauernder Kleinstrauch mit kleinen weißen oder rosa Blüten. Die violetten Samenstände, im Spätsommer geschnitten, ergeben eine duftende Beigabe zu Trockensträußen und anderem Blumenschmuck. Pflanzt man den Oregano im Steingarten an der wärmsten Stelle an, trifft dies genau die Ansprüche dieses Südländers, der nur bei optimalen Boden- und Klimaverhältnissen volle Würzkraft entwickelt.

Für die Hausapotheke kann man aus Oregano einen Tee zubereiten, der mit Honig gesüßt gegen Husten hilft, darüber hinaus aber auch bei Magen-Darm-Störungen gegeben werden kann.

Einer dieser sogenannten Kleinsträucher ist auch das Bohnenkraut. Das ausdauernde Winter- oder Bergbohnenkraut kann in die unmittelbare Nachbarschaft des Oregano gepflanzt werden, da es die gleichen Ansprüche in puncto Klima und Bodenbeschaffenheit stellt. Es schmeckt etwas schärfer und würziger als unser altbekanntes einjähriges Bohnenkraut, ist aber dadurch nicht minder wertvoll.

Die Verwendung des Bohnenkrautes ist ja bereits im Namen angedeutet, eben als geschmackverstärkendes Würzmittel für Bohnengerichte aller Art. Als Heilmittel gewinnt es zusätzlich an Bedeutung, da es Krämpfe und Blähungen löst, wie sie oftmals durch schwerverdauliche Speisen wie beispielsweise Hülsenfrüchte hervorgerufen werden. So ergibt sich aus beidem eine optimale Kombination. Bereits die alten Römer bereiteten aus Bohnenkraut Soßen und Füllungen für Geflügel. Auch Eier, Fleisch und Fisch wurden auf diese Art aromatisiert.

Weniger bekannt ist unser unscheinbares und „harmloses" Kräutlein als Aphrodisiakum. In Liebestränken für angeblich frigide oder impotente Menschen wird Bohnenkraut als „Kraut des Glückes" bezeichnet. Ob das wohl alleine hilft?

In der Parfümindustrie und bei der Herstellung von Weinbrand bedient man sich ebenfalls dieses Kräutleins. Auch als Bienenweide ist Bohnenkraut geschätzt. Man gewinnt aus dem Pollen einen sehr guten Honig. Zerquetschte Bohnenkrautblätter helfen andererseits bei Bienen- und Wespenstichen. Hier noch ein Tip der Kräuterhexe: Wenn der Leser einmal das Opfer einer

Grüne Bohnen

Frische Stangen- oder Buschbohnen putzen, waschen und der Länge nach halbieren. In 20 Minuten in reichlich Wasser zusammen mit einem großen Strauß Bohnenkraut garkochen. Danach abseihen und das Kochwasser wegschütten. Für 1 Pfund Bohnen 150 gr geräucherten Bauchspeck in Würfelchen scheiden, in einem guten Stück Butter zusammen mit zwei zerdrückten Knoblauchzehen andünsten und die gekochten Bohnen dazugeben. Einmal in der Buttermasse wenden, eventuell nochmals etwas Butter zugeben. Mit einem Hauch Pfeffer und etwas Salz würzen.

Wespe oder Biene geworden ist und nicht gerade Bohnenkraut in der Nähe hat, so mag er nach Wegerichblättern suchen.

Gleichgültig, ob Spitz-, Breit- oder Mittelwegerich, alle drei haben die gleiche Wirkung, sie lassen die Schwellung verschwinden. Ich kann es aus eigener Erfahrung bestätigen.

Es ist doch sehr erstaunlich, wie viele guten Eigenschaften unser unscheinbares Bohnenkraut in sich birgt. Ich habe es aber, bereits bevor ich seine Wirkung kannte, zu einem meiner Lieblingskräuter ernannt, da ich auf seinen Geruch wie auch auf seinen Geschmack „fliege".

Einen ähnlichen Stellenwert in der Skala meiner Kräuterfavoriten nimmt das Liebstöckel (Herba levistici) ein. Es wird auch Maggikraut genannt. Sein typischer Geschmack, der ein wenig an Sellerie erinnert, ist sehr intensiv, so daß Vorsicht bei der Verwendung als Gewürz geboten ist. Eine Staude reicht für einen mehrköpfigen Haushalt das ganze Jahr über. In einer frischgekochten Suppenbrühe dürfen zwei bis vier Stengel Maggikraut mitgekocht werden. Als Zugabe zu Salaten genügen ein bis zwei Blätter. Wer einmal auf den Geschmack gekommen ist, möchte dieses Kraut in Suppen, Eintöpfen und Soßen nicht mehr missen. Seine Wurzeln besitzen harntreibende Inhaltsstoffe und sind daher bei Gicht- und Nierenleiden als Tee empfehlenswert.

Getrocknetes und geschnittenes Liebstöckelkraut sowie Bohnenkraut und Ysop sind die Hauptbestandteile meines Kräuterhexensalzes. Der zuletzt genannte Ysop – ebenfalls einer meiner Lieblinge – ist ein Kleinstrauch. Er ist sehr dekorativ und eine Bereicherung meiner beiden Gärten; denn er blüht wunderschön blau. Diese Blütenfarbe und den daraus emporsteigenden würzig-aromatischen Duft möchte ich zumindest in meinem Kräutergarten nicht mehr missen. Wenn im Sommer das daneben angesiedelte Johanniskraut seine gelben Blüten öffnet, kann sich der Leser leicht vorstellen, welche Farbenpracht an einer Stelle mit diesen beiden Pflanzen anzutreffen ist.

Ysop wurde bereits in der Bibel als „reinigende“ Pflanze beschrieben, er wurde aber schon in vorchristlicher Zeit als Würz- und Heilkraut angewandt. Wie die beiden vorher besprochenen Kräuter gehört auch der Ysop zu den intensiv würzenden Pflanzen. Er sollte aus diesem Grunde ebenfalls sparsam dosiert werden. Interessant ist eine Anwendung aus früherer Zeit: Man benutzte Ysop zur Beruhigung von an hysterischen Zuständen leidenden Menschen. Ein Versuch – ähnlich wie beim Rosmarin erwähnt – hätte vielleicht auch heutzutage Erfolg.

Kräuter-Hoch-Zeit

Wie der Leser sicherlich bemerkt hat, befinden wir uns bei der Beschreibung dieser kleinen Auswahl an Kräutern gerade im Sommer. Ich bezeichne ihn auf meinen Kräuterwanderungen gerne als „Kräuter-Hoch-Zeit". Für die meisten dieser Kräuter, seien es nun Würz- oder Heilkräuter, ist im Früh- und Hochsommer die richtige Erntezeit. Sie sind jetzt zu voller Pracht herangewachsen und sollten kurz vor Blühbeginn geschnitten werden. Immer wieder werde ich gefragt, wie man dieses üppigen Segens Herr werden könne, also wie man die riesige Menge optimal verarbeitet. Die Konservierung durch Trocknen ist bekannt und die einfachste Methode, so daß ich an dieser Stelle gerne die Verarbeitung zu Kräuterpaste mit auf den Weg geben möchte. Die Italienfreunde unter den Lesern kennen diese Zubereitung sicherlich unter der Bezeichnung „Pesto".

Eine Kräuterpaste ist sehr einfach herzustellen und hat den Vorteil, daß einige Kräuter ihre Würzkraft im öligen Auszug verstärkt abgeben. Man benötigt allerdings ein großes Volumen des frischen Krautes, um eine verwertbare Menge an Paste ausbringen zu können. Je nach Geschmack ist es möglich, nur eine Kräutersorte oder eine Mischung verschiedener Küchenkräuter auf diese Art zu konservieren. Jene, die naturgemäß in

Kräuterpaste

Kräuter können in dieser Zubereitung bis zu einem halben Jahr haltbar gemacht werden. Es eignen sich alle Kräuter mit einer großen Blattmasse wie z.B. Liebstöckel, Basilikum, Estragon und Petersilie.

100 gr. Blattmasse pürieren, mit etwas Öl und 10 gr. Salz vermischen.

In dunkle Weithalsgläser schichten und mit Öl auffüllen bis es ca. 1 cm über der Masse steht. (Luftabschluß!) Bei Entnahme der eingelegten Kräuter immer darauf achten, daß diese Ölschicht erhalten bleibt, eventuell immer wieder etwas Öl nachfüllen.

großen Mengen anfallen, wie zum Beispiel Estragon, Petersilie, Liebstöckel, Borretsch und Selleriekraut, können so unter Beibehaltung ihres vollen Sommeraromas für das Winterhalbjahr verwertet werden. Jedes Glas Paste kann ergänzend durch die Zugabe von Knoblauch noch verfeinert werden. Dies empfiehlt sich besonders für die ebenso in meiner Hitliste vertretene Basilikumpaste, wenn auch ohne die klassischen Zugaben von Pinienkernen und Parmesankäse.

Den Sommerreigen möchte ich mit einem christlichen Brauchtum beschließen. Das Datum ist der 15. August, und der Tag heißt Mariä Himmelfahrt. Die der katholischen Kirche angehörenden Leser wissen bereits, daß es sich hier nur um den Brauch der Kräuterweihe handeln kann. Wie dieser zustande gekommen ist, ist nicht eindeutig nachgewiesen. Zum einen berichtet die Legende, daß sich im Grabe Marias nach deren Himmelfahrt Blumen und Kräuter befunden hätten, zum anderen werden die Tugenden von Maria, also die Schönheit und Reinheit, gerne mit Blumen verglichen und ihr so gehuldigt.

Für die Kräuterweihe in der Kirche an diesem Tag wird ein in manchen Gegenden streng vorgegebener Kräuterstrauß gebunden. Grundsätzlich besteht dieser aus Kräutern, die in dieser Jahreszeit ihre höchste Heilwirkung entfalten. Dazu gehören Schafgarbe, Beifuß, Wermut, Königskerze, Johanniskraut, Kamille, Pfefferminze, Thymian, Kümmel und andere wohlbekannte Heilkräuter. Auch meine bereits erwähnten Lieblingskräuter Ysop, Bohnenkraut und Salbei bereichern diesen Strauß mit Duft und Farbe.

Ich hatte vor einigen Jahren eine Frauengruppe unter meinen Exkursionsteilnehmern, die sich speziell für die Herstellung eines solchen „Kräuterbüschels“ bei mir kundig machen wollte. Bei der Vorbereitung dieser Kräuterwanderung habe ich vom Pfarrhaus der Nachbargemeinde in Erfahrung bringen können, daß es für einen derartigen Strauß auch eine bestimmte Bindevorschrift gibt. Ausgehend von einer besonderen Blume in der Mitte des Straußes – das kann sowohl eine Rose als auch eine Königskerze sein –, werden alle anderen Kräuter kreisförmig darum herum angeordnet. Der Leser kennt diese Art des Blumenbindens vielleicht von Biedermeiersträußen, die allerdings mit der Ursprünglichkeit eines Kräutersträußes weniger zu tun haben. Eine weitere Vorschrift beim Binden dieses Straußes besteht darin, daß von jeder Pflanzenart drei Exemplare eingebunden sein müssen. Nach der Weihe in der Kirche wird dieser heilige Kräuterstrauß im eigenen Haus oder Stall aufgehängt und soll, wie schon bei unseren heidnischen Vorfahren, Schutz vor Blitzschlag und Unheil bringen. Eine weitaus rationalere und eher begreifbare Verwendung der gesegneten Kräuter ist die als eine Art Hausapotheke. Bei Bedarf werden die entsprechenden Heilkräuter entnommen und als Tee zubereitet den Kranken gereicht. Auch krankes Vieh kam in den Genuß dieser besonderen Kräuter, indem sie unter das Futter gemischt wurden.

Nach diesem letzten Hochtag im Kräuterjahr bestehen nun die Arbeiten einer Kräuterhexe darin, den „Buckel krumm zu machen“ und jetzt die Grundlagen für ihre verschiedenen Zubereitungen zu sammeln und zu konservieren.

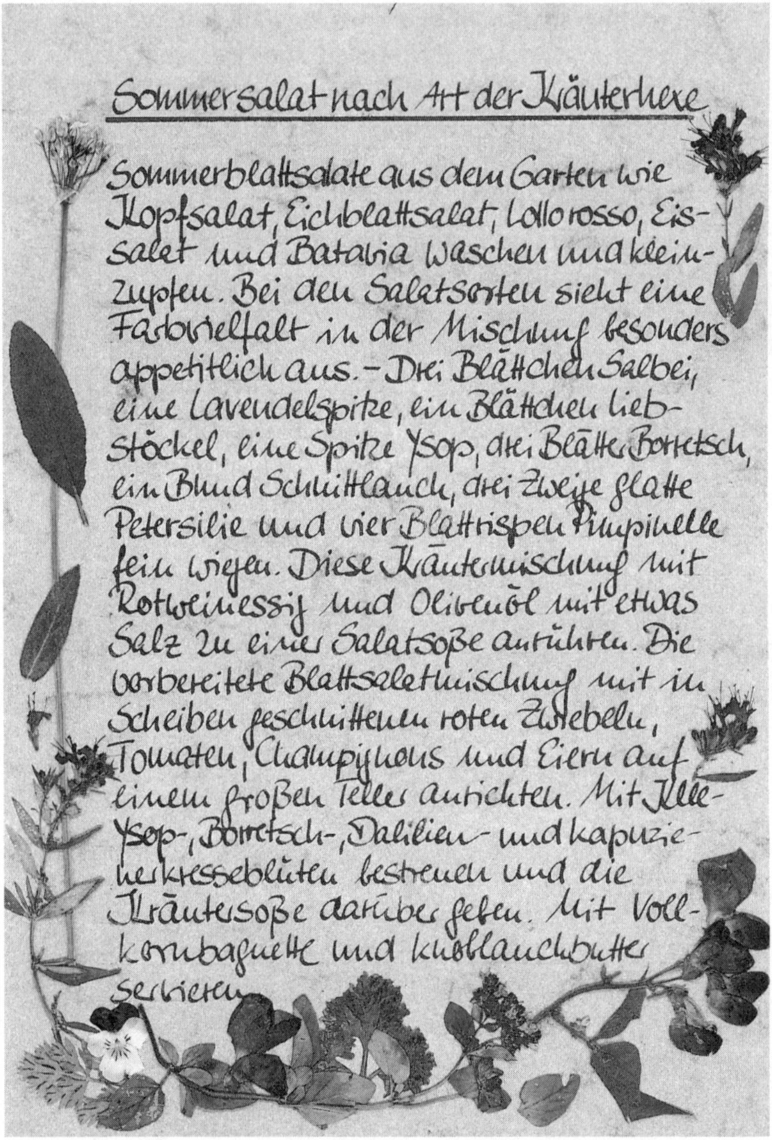

Sommersalat nach Art der Kräuterhexe

Sommerblattsalate aus dem Garten wie Kopfsalat, Eichblattsalat, Lollo rosso, Eissalat und Batavia waschen und kleinzupfen. Bei den Salatsorten sieht eine Farbvielfalt in der Mischung besonders appetitlich aus. – Drei Blättchen Salbei, eine Lavendelspitze, ein Blättchen Liebstöckel, eine Spitze Ysop, drei Blätter Borretsch, ein Bund Schnittlauch, drei Zweige glatte Petersilie und vier Blattrispen Pimpinelle fein wiegen. Diese Kräutermischung mit Rotweinessig und Olivenöl mit etwas Salz zu einer Salatsoße anrühren. Die vorbereitete Blattsalatmischung mit in Scheiben geschnittenen roten Zwiebeln, Tomaten, Champignons und Eiern auf einem großen Teller anrichten. Mit Klee-, Ysop-, Borretsch-, Dahlien- und Kapuzinerkresseblüten bestreuen und die Kräutersoße darüber geben. Mit Vollkornbaguette und Knoblauchbutter servieren.

Das Jahr neigt sich dem Ende zu

Das Ernten und Verarbeiten von Kräutern wird zwar während des ganzen Jahres ausgeübt, aber in den Monaten August bis Oktober und auch teilweise noch im November spielen – bedingt durch die optimale, vor allem in den Heilkräutern vorkommende Wirkstoffkonzentration – diese Arbeiten die Hauptrolle im Tagesablauf einer Kräuterhexe. Dies gilt ebenfalls für die nun reifenden Wildfrüchte.

Alle Sommerkräuter wie Oregano, Thymian, Quendel, Johanniskraut, Schafgarbe, Wegeriche, Beifuß, Wermut usw. werden jetzt an warmen, trockenen Tagen geschnitten und an einem schattigen, warmen Platz schnell getrocknet. Schnelle Trocknung ist deshalb vonnöten, damit die Pflanzen so wenig wie möglich an Wirkstoffen verlieren. Vor dem Verwahren in dicht schließenden Gefäßen sollte man sich unbedingt vergewissern, daß die Pflanzenteile durch und durch trocken sind. Der kleinste Rückstand an Feuchtigkeit bewirkt Schimmelbildung und führt dazu, daß auch die restliche Menge verdirbt. Das Trocknen von Kräutern ist zwar die am meisten angewendete Konservierungsmethode für Heil- und Küchenkräuter, setzt aber ein ebenso gewissenhaftes Arbeiten voraus wie die vielen Kräuterzubereitungsarten einer Kräuterhexe. Eine dieser Spezialitäten aus der „Hexenküche" ist der Kräuteressig in verschiedenen Geschmacksrichtungen. Dieser kann aus einem Würzkraut wie zum Beispiel Estragon, Dill, Bohnenkraut und anderen bestehen oder aber – und das sind die Geheimrezepte einer Hexe – aus bestimmten Kräutermischungen, die individuell pro Flasche zusammengestellt werden und für einen unnachahmlichen, abgerundeten Geschmack sorgen. Je nach Essiggrundlage (selbstverständlich nur bester Weinessig!) ergibt sich eine der französischen oder mediterranen Küche anhaftende „Stimmung".

Wer „Essig" sagt, meint meistens auch „Öl", und in diesem Fall eben „Kräuteröl". Kräuteröle unterscheiden sich durch ihre eingelegten Pflanzen in Heilkräuter- und Gewürzöle. Heilkräuteröle werden entweder als Salbenbestandteil weiterverarbeitet oder pur zur Haut- bzw. Körperpflege durch Einreibung, als Bad oder in der Massage verwendet. Einige dieser Öle setzt man mit Johanniskraut, Lavendel, Kamillen oder Ringelblumen an.

Zu den Gewürzölen gehören jene mit eingelegten Würzkräutern wie beispielsweise Thymian, Rosmarin, Knoblauch, Ysop, Majoran, Basilikum und vielen anderen mehr. Diese Zubereitungen werden in der Küche für Salate, Fleisch-, Fisch- und Käsegerichte verwendet. Grundlage für alle Spezialöle sind kaltgepreßte Pflanzenöle. Das immer wieder „alleinseligmachende" Olivenöl kann durch Sonnenblumen-, Maiskeim-,

Kräuteröl

In einen halben Liter gutes Pflanzenöl werden 30 gr trockene Kräuter entweder von einer Sorte oder aber eine Mischung verschiedener Kräuter eingelegt und für zwei Wochen in die Sonne gestellt. Danach gründlich filtrieren und das aromatisierte Öl in dunklen Flaschen lagern.

Kräuteressig

Ähnlich wie bei der Herstellung von Kräuteröl werden einzelne Kräuter oder aber eine Kräutermischung in Essig eingelegt. Wichtig ist hierbei, daß der Essig einen Säuregehalt von mindestens 6% aufweist. Geeignet ist Weinessig aus Rot- oder Weißwein. Im Gegensatz zu Kräuterölen können die Kräuter in der Flasche verbleiben. Dieser Essig ist ca. ein Jahr haltbar.

Soja- oder andere kaltgepreßte Pflanzenöle ersetzt werden.

Aus meiner Kräuterhexenerfahrung heraus weiß ich, daß Ölzubereitungen weniger lange haltbar sind als Essigessenzen. Für denjenigen Leser, der sich vielleicht an die Zubereitung eines Kräuteröles heranwagen möchte, ist es wichtig zu wissen, daß alle in Öl eingelegten Pflanzenteile von diesem so bedeckt sein müssen, daß ein Luftabschluß gewährleistet ist. Alle aus dem Öl ragenden Teile verschimmeln innerhalb weniger Tage. Ein weiterer Unterschied zum Gewürzessig besteht darin, daß alle Öle filtriert und somit von allen Pflanzenrückständen befreit sein müssen. Nur auf diese Weise ist ein längere Haltbarkeit von circa einem halben Jahr möglich.

Wechseln wir zu einem verwandten Thema: Kräutertränke!

Was wäre eine Kräuterhexenküche ohne diese berühmten alkoholischen Kostbarkeiten? Der Anblick von Kräuterbittern, Kräuterweinen, -sherry und -likören in entsprechend dekorativen Flaschen mit vielleicht sogar handgeschriebenem Etikett läßt das Herz eines Kräuter-Genießers höher schlagen. Aber auch die noch so innige Liebe zu einem Kräuterhexentrank setzt ein „normales Verhältnis“ zum Alkohol voraus! Sollte dieses gestört sein, haben die Kolleginnen von der anderen Fakultät – nämlich die der schwarzen Magie – ein leichtes Spiel, und mein Einfluß als gute Hexe würde alsbald schwinden.

Nach diesem Wink mit erhobenem Hexenzeigefinger möchte ich noch erwähnen, daß alle soeben vorgestellten Kräuterhexenspezialitäten aus Frischkräutern hergestellt werden. Diese „frische“ Zubereitung ergibt zum einen den besonderen Geschmack im Vergleich zu getrockneten Kräutern, zum anderen zeigt sie aber auch die saisonale Abhängigkeit der Produkte. Für mich stellt sich daher jedes Jahr erneut die Frage, welche Menge Flaschen müssen gefüllt werden, um meine Kundschaft bis zur nächsten Ernte in gewohnt gleicher Qualität bedienen zu können. Eine Aufgabe, die selbst für eine Hexe nicht immer leicht zu lösen ist. Denn man findet ja nicht immer die Menge an Pflanzen, die man sich ausgerechnet hat.

Herbstfarben

Bei der Herstellung all dieser Spezialitäten befinden wir uns – wie schon erwähnt – am Ende des Sommers, und der Herbst beginnt. Der Leser mag sich an dieser Stelle sicherlich fragen, was es denn im Herbst für eine Kräuterhexe noch zu ernten gibt. Die Antwort zeigt einen botanischen Schwerpunkt: Die Kräuter des Herbstes sind allgemein gesprochen allesamt Wurzelkräuter. Darüber hinaus sind manche eben erst in dieser Jahreszeit verwendbar wie beispielsweise die echte Goldrute für den Blasen- und Nierentee. Die Vegetation bereitet sich im Herbst auf den Winter vor. Aus diesem Grund werden alle wirksamen Substanzen und Kräfte, die für ein neues Leben im kommenden Jahr sorgen, aus den oberirdischen Pflanzenteilen unten in den Wurzeln als überlebendes Organ gespeichert. Wenn dieser Vorgang beendet ist, sterben die aus der Erde herausragenden Teile der Pflanze ab. Nun ist die Zeit gekommen, um Löwenzahn-, Baldrian-, Pimpinellen-, Eibisch- und andere Kräuterwurzeln zu ernten. Es braucht wohl nicht sonderlich erwähnt zu werden, daß nur soviel genommen wird, daß der Fortbestand der Art nicht gefährdet ist.

Nach dem Sammeln werden die Wurzeln gereinigt, dann getrocknet und für den Verbrauch gelagert.

Der Herbst mit seinen stimmungsvollen Farben ist auch die Jahreszeit der reifen Wildfrüchte. Als Kräuterhexe interessieren mich natürlich auch artverwandte Gebiete. Ich sammle Hagebutten, Weißdorn-, Ebereschen- und Schlehenfrüchte in meinen Korb. Manchmal wird er auch mit Wiesenchampignons, Hallimasch, Sandfußröhrlingen, Safranschirmlingen und Violetten Ritterlingen gefüllt. Die Insider unter den Lesern haben gewiß erkannt, daß es sich in den letzteren Fällen um die Namen schmackhafter Speisepilze und nicht um hexendeutsch handelt. Die Pilze gehören ebenso zum Herbst wie die fallenden Walnüsse und Eßkastanien. Alles zusammen krönt die spätsommerliche und herbstliche Stimmung.

Die Hagebutten in meinem Korb sind die Früchte unserer einheimischen Hecken- oder Hundsrose. Ihr leuchtendes Rot ist – wie auch jenes der Weißdornfrüchte – eine der typischen „Herbstfarben“ in meiner Umgebung. Die Ernte dieser Dornenfrüchte gestaltet sich meistens sehr schmerzhaft. Die Dornen dringen sogar durch Handschuhe, und eine reißfeste Kleidung ist dringend zu empfehlen. Wer einmal von einem Rosenstrauch „umarmt“ wurde, weiß diesen Rat zu schätzen, auch ohne einer der erfolglosen Prinzen des Dornröschens zu sein.

Doch zunächst wäre zu überlegen, wofür die Hagebutten verwendet werden sollen; denn danach richtet sich der Erntezeitpunkt. Für den

berühmten Hagebuttentee, auch süddeutsch Kernlestee genannt, werden die Früchte dann geerntet, wenn sie sich noch hart anfühlen. Dies gilt ebenfalls für eine Verarbeitung in der Floristik, d. h. im dekorativen Bereich, der die Herbststimmung sicherlich angenehm verstärkt. Die Hagebutten erhalten in diesem Stadium der Reife ihre rote Farbe und werden hart, ohne zu schimmeln. Der Trocknungsvorgang sollte schnell und bei einer Temperatur von nicht über 50° C erfolgen. Auf diese Weise werden die Inhaltsstoffe wie Carotin, Pectin, Vitamine und Mineralstoffe am besten erhalten. Für den leicht nach Vanille schmeckenden Kernlestee werden Kerne und Fruchtschalen getrennt, ansonsten werden beide zusammen als Hagebuttentee aufgebrüht.

Für die Zubereitung als Hagenbuttenmarmelade – in meinen Breiten auch als „Hägenmark" bezeichnet – können Hagebutten noch nach dem ersten Frost geerntet werden. Die Früchte fühlen sich dann weich an und können nicht mehr getrocknet werden. Dieser Reifezustand ist genau richtig für die Zubereitung meiner Kräuterhexenspezialitäten. Eine davon ist ein Hagebutten-Weißdorn-Likör. Mit seiner warm-roten Farbe und seinem feinen Geschmack ist dieser in der bald bevorstehenden Advents- und Weihnachtszeit ein begehrtes Geschenk, das man auch sich selbst machen kann.

Zu den weihnachtlichen Gaben gehört auch mein Schlehenlikör. Dieser „von innen“ wärmende Trank wird erst dann angesetzt, wenn bereits die ersten Nachtfröste über das Land gezogen sind. Der herbe und „zusammenziehende“ Geschmack der Schlehenfrüchte wird durch die Kälteeinwirkung gemildert. Der Schleh- oder auch Schwarzdorn ist eines der ältesten Obstgehölze unserer Breiten. Für meine „Kräuterwanderer“ ist es immer wieder erstaunlich zu hören, daß dieses Gewächs die Mutter unserer heutigen Pflaumenbäume ist. Diese Tatsache wird jedoch beim Vergleich der beiden Fruchtsteine deutlich. Bereits die Menschen der Jungsteinzeit haben sich von Schlehen ernährt. Bedeutung hatten die Schlehdornzweige auch in den Zeiten des Aberglaubens. Sie wurden kreuzweise an Haus- und Stalltüren angebracht, um Hexen und bösen Geistern den Eintritt zu verwehren. Gute Hexen, wie beispielsweise ich als Kräuterhexe, haben bis auf ein paar Kratzer beim Ernten der Früchte noch keinen Schaden davongetragen, so wie auch keine Türschwelle bisher unüberwindlich für mich war.

Abschließend zum Thema „Schlehen“ noch ein Tip aus dem medizinnahen Bereich. Aus eigener Erfahrung sind für mich Zubereitungen wie Schlehenmus oder -ursaft die besten Stärkungsmittel nach Krankheiten oder schweren Geburten.

Schlehenlikör

Reife Schlehenfrüchte nach dem ersten Frost ernten. Waschen und mit heißem Wasser übergießen, dann über Nacht in einer Schüssel stehen lassen. Am nächsten Tag im Verhältnis 1:1 Zucker zugeben. In einem Rumtopf oder ähnlichem Gefäß mit Gin auffüllen. Auf 500 ml Früchte-Zucker-Mischung rechnet man 0,7 l Gin. Nach einer Reifezeit von ca. zwei Monaten kann Ihr Schlehenlikör pünktlich zum Weihnachtsfest kredenzt werden.

Das Kräuterjahr neigt sich jetzt in den Wochen von Ende Oktober bis Anfang November mit der Ernte der Schlehen seinem Ende entgegen. Mit der Arbeit in der Kräuterhexenküche geht es jetzt aber erst richtig los; denn gut' Ding will Weile haben. Dieser alte Spruch gilt auch für meine Kräuterhexenspezialitäten. Aus diesem Grund werden jetzt alle Kräuteressenzen wie Essig oder alkoholische Auszüge fertiggestellt und zum Reifen gelagert. Pünktlich zum Weihnachtsfest sind dann die Genüsse eines ganzen Kräuterhexenjahres bereit, an liebe Freunde und Verwandte – oder aber an sich selbst verschenkt zu werden.

In dieser Zeit der Reife wird es auch für eine Kräuterhexe etwas ruhiger. Sie kann sich dann wieder mehr ihren künstlerischen und musischen Arbeiten widmen, die während des ganzen Jahres aus Zeitgründen etwas in den Hintergrund getreten sind.

Das Jahr klingt aus

Advent und Weihnachten – eine stimmungsvolle Zeit! Das sollte man meinen! Aus vier Wochen der Besinnung und Einstimmung auf das bevorstehende Weihnachtsfest wurden zwölf Wochen des nüchtern kalkulierten Weihnachtsgeschäftes. Schokoladennikoläuse und Lebkuchen leuchten mir bereits Anfang Oktober aus den Regalen im Supermarkt entgegen. Werbeprospekte für Spielsachen fallen dann spätestens Anfang November aus den Zeitungen und Briefkästen, in der Hoffnung, mit diesen „Spiel-Sachen" übersättigten und phantasielosen Kindern bei der Gestaltung ihrer Weihnachtswünsche behilflich zu sein. In Vorgärten und auf Balkonen und Terrassen entdecke ich Tannenbäume, geschmückt mit bunter Elektrizität und möglichst mit Intervallschaltung, damit es auch schön „glitzert". Dies sind nur drei kleine Beispiele für eine Entwicklung, die eine Kräuterhexe zum tiefen Nachdenken bringt; zum Nachdenken und Erinnern an eine Zeit, als im Kindergarten und zu Hause Adventssterne und kleine Geschenke gebastelt wurden, als der Adventskranz noch rot und grün war und zum Ersten Advent eine leere Krippe aufgestellt wurde. Jeden Tag bis zum Heiligen Abend durften zwei brave Kindergartenkinder einen Strohhalm in die Krippe legen, damit das Jesuskind ein weiches Lager bei seiner

Geburt vorfinden konnte. Für mich ist dieses Beispiel aus meiner Kindheit noch heute eines der schönsten, um den Sinn von Advent und Weihnachten für Kinder zu verdeutlichen; denn nicht eines der damaligen Kinder wollte durch ein nicht braves Verhalten daran Schuld sein, daß das Jesuskind hart liegen mußte.

Die Zeiten haben sich geändert, und daher kann ich mir nur wünschen, daß es noch Eltern gibt, die in der Lage sind – wenn auch unter schwierigen Bedingungen in einer solchen Umgebung –, ihren Kindern den Sinn und die Bedeutung des Weihnachtsfestes nahezubringen.

Doch zurück zum Kräuterjahr. Der Leser wird sich vielleicht Gedanken darüber machen, wie wohl eine Kräuterhexe das ausklingende Jahr im Advent und das Weihnachtsfest gestaltet. Ich habe bereits über das Osterfest und dessen Ausgestaltung berichtet, mit der Weihnachts- und Adventszeit verhält es sich ganz ähnlich. Die Kräuterhexe schmückt ihr Haus mit einheimischen Immergrünen. Stechpalmenzweige, Efeu und Mistel, alles heilige Pflanzen der Druiden, sowie Buchsbaum und Wachholder als Sinnbilder des ewigen Lebens sind das „Grundgerüst" meiner Adventsdekoration. Bienenwachskerzen, mit Nelken gespickte Orangen in einer Mischung aus Zimt, Kardamom, Nelken, Muskat und Iriswurzel getrocknet, außerdem frische Äpfel und Mandarinen verbreiten einen unnachahmlichen Duft in der guten Stube. Geschmückt mit roten

Bändern und Kerzen, duftenden Zapfen, Zimtstangen und Weihnachtsschmuck aus Holz, Stroh und Ton hängt der Adventskranz von der Zimmerdecke. Vergoldete Nüsse und Mohnkapseln bringen Glanz in diese stimmungsvolle Dekoration aus natürlichen Materialien. Es ist wahrhaft ein ästhetisches Erlebnis für Auge und Nase, in das der Geschmack eines Gläschens Schlehenlikör vor dem offenen Kamin mit einbezogen wird.

Ich habe die Mistel als Adventsschmuck bereits erwähnt und möchte nun noch etwas näher auf dieses Zaubergrün eingehen.

In den letzten Jahren konnte man immer öfter einen Mistelzweig als Adventsschmuck über oder neben den Hauseingängen entdecken. Wie geschichtsträchtig diese Pflanze ist, wissen wohl die wenigsten unter unseren Mitmenschen. Als „heidnisches" Grün wird es auch niemals eine Kirche schmücken. Die Mistel ist eine Zauberpflanze in der nordischen Mythologie und ein wichtiger Bestandteil in den Zaubertränken der Germanen. Als Schmarotzerpflanze auf mehreren Baumarten zu finden, waren jedoch die Misteln, die auf Eichenbäumen wuchsen, den Druiden heilig. Diese keltischen Priester vollzogen auch keine feierlichen Gebräuche ohne das berühmte Eichenlaub, das bis auf den heutigen Tag noch neben dem Lorbeerkranz ein Zeichen besonderer Ehrerbietung darstellt. Mistelzweige auf Eichen waren im Glauben der Druiden vom

Himmel gesandt und durften nur mit goldenen Sicheln und unter Befolgung vieler Zeremonien geschnitten werden. Eine dieser feierlichen Handlungen bestand aus einem Stieropfer. Die Mistel, die beigelegt wurde, durfte dabei nie den Erdboden berühren. Sie wurde daher in aufgespannte weiße Tücher gelegt und dann zusammen mit zwei geschlachteten weißen Stieren unter Gebeten der Gottheit dargebracht.

Zu Zeiten des Kräutervaters Bock erhielt die Mistel den Namen „Omnia sanantem", das heißt „heilt allen Schaden". In meinen Augen ist das eine äußerst moderne Bezeichnung in Anbetracht der Tatsache, daß heute im 20. Jahrhundert im Zusammenhang mit der Krebsforschung die Mistel zu neuen Ehren kommt. Medizinisch wird die Mistel zur Senkung des Blutdruckes und bei nervösen Herzstörungen verwendet. Die Einsatzmöglichkeit in der Krebstherapie wird zur Zeit noch erforscht. Ich denke, wir werden noch so manches von diesem „zauberischen" Gewächs zu hören und lesen bekommen.

Bei einem solchen Zauberkraut, wie es die Mistel nun einmal ist, verwundert es dann auch nicht, daß man es in früheren Zeiten auch zur Abwehr von Hexen benutzte. Die Beeren wurden in Silber gefaßt und um den Hals getragen. Andererseits hatten aber auch die damaligen Hexen ihre besondere Verwendung für die Mistel, und zwar speziell für die Mistelkerne. Sie bildeten eine Grundlage für Zaubertränke.

Somit gehört die Mistel zu jenen Kräutern, die, wie das bereits beschriebene Johanniskraut, sowohl zur Schadensabwehr wie auch zum Zweck des Schadenzaubers verwendet wurden.

Wenn der Leser im nächsten Advent einen Mistelzweig an seiner Haustüre oder auch im Haus anbringen möchte, weiß er nun, daß er es mit einer sehr geschichtsträchtigen und „zauberhaften“ Pflanze zu tun hat.

Weihnachtsgruß einer Kräuterhexe

Wenn dann die unzähligen Flaschen und Gefäße mit Kräuteressig, Kräuterölen, Magenbitter, Kräuterwein, -likör und -brandy sowie Salben, Tee- und Kräutermischungen in den Regalen des Hexenhauses stehen, kann sich die Sternenfelser Kräuterhexe in ihren Sessel zurücklehnen und sich auf das bevorstehende Weihnachtsfest und den Jahreswechsel freuen. Bis zum nächsten Januar verabschiedet sie sich – wie könnte es auch anders sein? – mit einem Weihnachtsgebinde.

Dieses besteht aus

- dem druidischen Symbol der Wintersonnenwende, der **Mistel,** als Schutz vor Zauberei und Krankheit,
- **Wacholder** gegen Ansteckungsgefahr und Seuchen und zum Ansetzen von Wacholderschnaps, der „... wärmet bei frostigem Wetter den Magen und verhütet dadurch Erkältungen“,
- **Buchsbaum** als Symbol für Ausdauer und Standhaftigkeit,
- **Johanniskraut** zum Schutz von Haus und Hof vor Blitzeinschlag, Tod und Teufel,
- **Efeu** als Symbol unerschütterlicher Anhänglichkeit, Unsterblichkeit, Weiblichkeit und Sinnlichkeit,
- **Dost** gegen Zauberei und Hexerei,

- **Christrose** als Symbol des christlichen Glaubens,
- **Salbei** als das Kraut „zu des Menschen Heil und Hilfe“,

... und wünscht alles Gute für das nächste Jahr, das auch für eine Kräuterhexe aus dreihundertfünfundsechzig Tagen besteht.

Quellenverzeichnis

Bocksch, Bott, Zucchi: Das Ökokräuterbuch. Krüger Frankfurt a. M. 1983

Cunningham; Scott: Magie in der Küche. Smaragd, Neuwied 1993

Helm, Eve Marie: Feld-, Wald- und Wiesenkochbuch. Heyne, München 1980

Kreuter, Marie Luise: Kräuter und Gewürze aus dem eigenen Garten. BLV, München 1989

Kreuter, Marie Luise: Rezepte aus dem Blumengarten. Ariston, Genf 1986

Philips, Roger: Das Kosmosbuch der Wildfrüchte. Kosmos, Stuttgart 1984

Philips, Roger: Das Kosmosbuch der Wildpflanzen. Kosmos, Stuttgart 1981

Philips, R. und Foy, N.: Kräuter. Droemer Knaur, München 1991

Schöpf, Hans: Zauberkräuter. VMA, Wiesbaden 1986

o. V.: Geheimnisse und Heilkräfte der Pflanzen. Verlag Das Beste, Stuttgart 1978

Rezeptübersicht

Weinlauchpfannkuchen

Kräutertatar

Winterblattsalate mit Pimpinelle

Wildkräutersuppe (Gründonnerstagssuppe)

Wildkräutergemüse

Ostermenü

Färben mit Naturfarben

Bärlauch-Süpple

Hollerküchle

Holundersekt

Holunderlikör

Johanniskrautöl

Frischkräutertee

Potpourri aus Blüten und Gewürzen

Rosmarinhähnchen

Grüne Bohnen

Kräuterpaste

Sommersalat nach Art der Kräuterhexe

Kräuteröl

Kräuteressig

Schlehenlikör